U1001347

高品质幸福金院实现机制研究

Study on the Implementation Mechanism of High-quality Happy Financial College

主　编　周建松　盛　健

浙江工商大学出版社
ZHEJIANG GONGSHANG UNIVERSITY PRESS

图书在版编目(CIP)数据

高品质幸福金院实现机制研究 / 周建松，盛健主编.
—杭州：浙江工商大学出版社，2015.11
ISBN 978-7-5178-1340-8

Ⅰ.①高… Ⅱ.①周… ②盛… Ⅲ.①高等职业教育—研究—中国 Ⅳ.①G718.5

中国版本图书馆 CIP 数据核字(2015)第 247254 号

高品质幸福金院实现机制研究

主　编　周建松　盛　健

责任编辑　刘　韵
责任校对　周晓竹
责任印制　包建辉
出版发行　浙江工商大学出版社
(杭州市教工路 198 号　邮政编码 310012)
(E-mail:zjgsupress@163.com)
(网址:http://www.zjgsupress.com)
电话:0571-88904980,88831806(传真)
排　　版　杭州朝曦图文设计有限公司
印　　刷　虎彩印艺股份有限公司
开　　本　710mm×1000mm　1/16
印　　张　17
字　　数　221 千
版 印 次　2015 年 11 月第 1 版　2015 年 11 月第 1 次印刷
书　　号　ISBN 978-7-5178-1340-8
定　　价　42.00 元

版权所有　翻印必究　印装差错　负责调换

浙江工商大学出版社营销部邮购电话　0571-88904970

编委会

主　任　周建松　盛　健

委　员　姜　进　吴　胜　陈利荣　王　琦

方　华　盖晓芬　郭福春　陈云涛

吴建斌　郁国培　王东升　陈正江

吴国平　唐林伟

主　编　周建松　盛　健

副主编　陈正江　吴国平

目 录

Contents

绪 论

积极推进以“七做”为内容的内涵建设

浙江金融职业学院是我国首批国家示范性高等职业学院，近年来，学院坚持内涵发展道路，深入开展内涵建设，并在探索与实践过程中，形成了以“做精教学、做实科研、做活服务、做强校友会、做大基金会、做密合作网和做品学校”等为主要内容的内涵建设理念和思路，推动学校又好又快发展。

一、做精教学

作为中国特色职业教育体系的重要组成部分，高等职业教育以服务经济、促进就业为工作方针，以面向经济社会发展，为生产管理服务一线培养高素质技术技能人才为目标。在进入内涵建设阶段后，专业建设是高等职业教育人才培养工作的龙头，而加强和改进教学是内涵建设的基础。学院通过做精教学，提升高等职业教育人才培养质量，促进高等职业教育可持续发展。

(一)坚持“六业贯通”人才培养理念

按照“办好专业、强化职业、注重职业、重视就业、鼓励创业、成就事业”“六业贯通”人才培养理念指导教学,全面地把产业、行业、企业、职业和实践五要素的概念模型融入教学之中。学院毕业生由于“知识能力素质和谐统一,动手能力强,岗位适应快,实践水平高”而受到用人单位欢迎,不仅学生就业率高,而且起薪率高,毕业生在岗位上也已经表现出很好的发展势头和潜力。

(二)科学设计专业建设结构

学院构建以金融保险类专业为龙头(核心),财会、经贸类专业为主体(主干),人文艺术类专业和计算信息类专业为支撑(辅助)的航空型专业结构。一是做好主打专业,做强做名金融专业;二是重视相关专业,将做特做实会计、国际贸易实务、市场营销、投资与理财等专业;三是从社会需求和综合条件出发,适当发展信息、人文等普适性专业。

(三)积极推进优势专业建设

学院现有金融管理与实务、会计、国际贸易实务等三个浙江省优势专业建设项目,四年累计财政投入2500万元左右。一是专业建设从较大规模、较高水平和较有特色三个基点出发;二是建立各联络、联合、联结两至三所学校联同建设机制;三是形成系统的人才培养改革理念和方法、系统化的专业核心课程体系和开放合作校内外实训基地三个基本成果;四是实现教学与育人水平、科研与社会服务水平、专业与文化建设水平三个显著提高;五是促进高水平专业带头人、专业教学团队、专兼职教师队伍三个水平提升;六是达到毕业生就业率高、用人单位满意度高、毕业生满意度高等三项成效。

（四）不断完善素质教育体系

素质教育是贯彻党的教育方针的时代要求，其核心是立德树人，重点是面向全体，着力提高学生的社会责任感、创新精神和实践能力。学院构建以学生"千日成长工程"为主要载体的素质教育体系，围绕"品德优化、专业深化、技能强化、形象美化"的工作目标，科学合理设置课程，提高课堂教学效果，丰富校园文化活动，充分调动学生参与社会实践的积极性，并以"八个一点""八个起来"推进素质教育落小、落细、落实，在行中体现知，以知导引行，实现知行合一。

（五）大力推动教育教学创新

在现代社会，信息化正在影响乃至改变我们的生活和工作。随着现代信息技术的不断发展，教育教学领域的新形式、新载体不断出现，学院教师拓展教育教学资源，积极探索大规模开放在线课程（MOOC）、微课、翻转课堂等手段，增加教育教学内容服务，以切实提高教学有效性。与此同时，课堂仍是教育教学的主阵地，它是学生学习、教师教学和教学管理的综合体，必须继续抓牢课堂教学这个基础环节。近年来，学院以创建"金院好课堂"为抓手，促进教师，尤其是青年教师在课堂教学提升中实现全面成长和发展。

二、做实科研

科研实力和科研水平历来是高等学校办学实力和办学水平的重要标志。学院紧紧抓住国家加快发展职业教育和浙江省推进金融产业大繁荣的有利时机，在抓好教育教学和人才培养工作的同时，充分调动广大教育工作者开展教育教学研究和应用型科研的积极性和主动性，以应用型科研平台的培育与拓展为抓手，形成应用型研究为主体，高职教育发展研究和地方金融发展研究为重点的“一体两翼”研究格局，形成系列研究成果，不断提升人才培养质量和服务区域经济社会发展能力。

（一）学院科研工作定位

学院科研工作定位由高职教育特征决定，必须准确把握高职教育高教性与职教性的统一、教育链与产业链的统一和服务需求与就业导向的统一这三方面的重要特征。学院科研工作把握好应用性、教育性、开放性和渐进性等原则，为人才培养提供研究支撑，为区域经济社会发展创造智力成果，为中华优秀传统文化和职业文化传承搭建平台。

（二）应用型科研平台的培育与建设

学院应用型科研平台具有聚集科研资源、凝练科研方向、培育科研团队、提升科研能力和营造科研环境等功能，是学院提高自主创新能力，提升教师专业发展能力、培养高素质技能人才的新载体。学院应用型科研平台主要面向两个领域培育：一是保持传统优势，做强地方金融发展研究；二是形成特色品牌，做实高职教育发展研究。在培育过程中完善研究机构设置，加强研究平台建设；重视知识积累，科研与学科建设相结合；重视“跨界”合作，培育协同创新平台。

（三）应用型科研平台的拓展与深化

高职院校应用型科研平台应直接面向企业，面向市场，解决企业迫切需要解决的问题，把科研成果转化为社会生产力。学院以社科联、研究中心（所）、学术委员会为依托，通过规划科研目标培育特色，经费投入激发科研活力，工作联动提高科研效率，打造团队增强科研能力，培育成果涌现科研品牌，制度创新规范科研管理。

(四)重视和加强高职教育理论与政策研究

高等职业教育的内涵极其丰富,外延也十分宽泛。学院高职教育研究的重点主要围绕宏观上的高职教育办学模式研究、中观上的高职教育人才培养模式研究和微观上的高职院校教与学研究等三方面展开。十多年来,学院形成了高等职业教育研究理念和氛围,建立了以高等职业教育发展研究中心为主体的高等职业教育研究长效机制,自2007年来,在14种高等教育类核心期刊发表论文数连续八次排名全国高职院校第一,提高了学院的知名度和影响力,并培养了一大批人才。

(五)重视和深化对地方金融的研究

学院地方金融研究以促进金融教育和理论、政策研究为目标,以浙江金融强省建设战略为研究重点,以金苑文库、浙江省金融教育基金会课题、地方金融研究网、金融发展与人才培养大讲堂、浙江金融学术信息交流中心为依托,构筑"大金融"学术研究与交流平台,建立了以浙江地方金融发展研究中心为主体的长效机制,涌现出一批地方金融发展研究成果,承担了20多项省部级重大课题,完成了近十部专著,数百篇论文和课题报告(论文),为推动浙江金融人才培养与产业发展提供研究支撑。

三、做活服务

社会服务能力是高职院校办学实力的重要标志。学院坚持"就业立校、服务强校、合作兴校"的办学方针,秉持在服务中谋发展、促发展的思路,始终重视社会服务工作,完善了"一二三三"办学功能定位,开展了构建多层次、立体化社会服务体系的创新实践。

(一)学院社会服务工作定位

高职院校的社会服务功能,其内涵是提供技术应用型和高技能型人才培养与培训,提供技术创新、推广和服务,实施先进文化的传播和辐射。学院社会服务的工作定位是提高行业企业参与校企合作的积极性和参与度,实现社会服务科学知识生产、技术技能积累和办学面向拓展三大功能,提升学院吸引力、竞争力和影响力。

(二)学院立体化、多层次社会服务体系的框架

学院以服务发展为宗旨确立服务理念,构建适应区域产业发展需求的服务体系,建设集公共服务和协同创新于一体的服务平台,建立产教深度融合、校企紧密合作的服务机制。学院立体化的社会服务体系主要包括科技开发服务体系、决策咨询服务体系和岗位培训服务体系等方面。学院多层次社会服务体系主要包括校地、校企、校会、校校等合作共建服务平台。

(三)学院立体化、多层次社会服务体系的构建

学院以行业、校友、集团共生态办学为立体化、多层次社会服务体系构建的顶层指导,以行业为依托,以校友为纽带,以职教集团为载体开展社会服务。在学校层面,实施服务引领推进计划,具体包括服务行业深入和融入地方延伸两大战略;在系部层面,开展专业服务产业发展计划,以金融专业群为主体,构建社会服务综合体,以会计专业群为主体,构建社会服务有机体,以商贸专业群为主体,构建社会服务共生体;在师生层面,以科研项目和社会实践推动服务。

(四)做活培训:社会服务功能的拓展

培训服务是高职院校社会服务功能的重要拓展。作为具有行业

特色的全国首批示范性高职院校，在升格高职办学后，学院即与中国农业银行浙江省分行、浙江省农村信用联合社等省内主要金融机构合作成立继续教育与培训学院（浙江金苑培训中心），服务企业人力资源开发，服务学生学历提升及终身教育需求，成为学院服务社会的主要窗口，创造了良好的社会效益和经济效益。

（五）做活经营：社会服务功能的增进

经营实体是指高等职业院校及其下设机构、专业、教师所开办的经营性企业或单位，是高职院校科研服务社会的重要和有效的平台。学院独资的杭州资信评估公司和控股的浙江众诚资信评估有限公司是学院独立经营的企业实体，以推动社会信用体系建设为己任，通过打造核心业务、拓展衍生产品、完善评级标准、推动信用建设和产学研合作，成为学院服务社会的主要阵地，产生了良好的经济效益和社会效益。

四、做强校友会

世界上但凡办得好的学校都比较重视校友工作。学院把校友工作作为学校事业发展的重要组成部分，重视校友资源的开发、整合和利用，加强校友会建设。早在1995年就成立了具有独立社团法人资格的校友总会，同时成立地方校友会，校友已成为学校凝聚资源、传承文脉、扩大交流、促进发展的重要力量。

（一）校友的内涵与价值

校友指在学校学习过的学生以及工作过的教职工。校友是一种资源，要加以关注和开发，以此来推进学校的可持续发展。校友资源是校友自身作为人才资源以及校友所拥有的财力、物力、信息、文化和社会影响力等资源的总和。校友是母校最生动的品牌形象，是母校人才培养的宝贵资源，是母校育人的精神财富，是引进人才的有效途径，是开展产学合作和服务社会的沟通渠道。

（二）校友组织与体系建设

学校按照“总会加强、地市完善、县域延伸、省外拓展、海外联络”的组织建设原则，完善校友组织机构与体系建设。校友总会历经20年的发展，目前已建立北京、上海校友联谊会，全省11个地市校友分会和41个县级校友会的组织，并于2011年被省民政厅评为4A级社会团体。学院将每年11月第一个周末为校友回校活动日，每年5月最后一个周末为校友回访母校日和每年11月第一个周末召开校友大会制度化，建立学校领导、干部、教师联系校友会制度。

（三）校友工作理念与思路

学校明确“凡是在浙江金融职业学院、浙江银行学校、浙江财政银行学校学习、工作过的同学、同志都是校友，学院所有教职员工既是校友，更是校友工作的主人”的思想，确立起“凝聚全中国校友力量、建设高品质金融教育、打造第一流发展平台”的校友工作理念与思路，在实际工作中，秉持“关爱每一位校友”，而各届校友通过“2300校友育人活动”，捐资兴教、奖学助学、合作育人、文化景观建设、产学合作、促进就业，为学校发展添砖加瓦、献计献策。

（四）校友文化育人与作用

校友文化是凝聚校友、吸引校友的力量源泉，是传承学校精神、扩大学校影响、增强学校合力、促进学校发展的重要载体。校友捐建文化景观，营造文化育人环境；设立校友奖学金，营造奖学励教育人氛围；“2300”主题活动拓展校友育人文化载体；注重在校生校友意识培养等方面都有效发挥了校友文化育人的作用。学校“校友文化”品牌亦获得教育部 2011 年高校校园文化建设优秀成果奖。

(五)校友资源开发及成效

校友资源是学校的一笔无形财富。学校通过争取行业支持,凝聚各界力量;借助校友力量,提升人才培养质量;促进校企合作,做好协同育人;捐资兴教支持母校办学;开展文化校园建设,传承金院文化等形式,最大限度地动员和集聚校友力量,运用和开发校友资源,使行业、校友、集团共生态合作办学模式成为品牌,产学合作机制进一步健全,形成专兼结合的教学团队,促进了学生优质就业,提升了学院的知名度与美誉度。

五、做大基金会

基金会是倡导公益、聚集财富、承担社会责任的民间非营利组织。1993 年 9 月,学校发起创立浙江省金融教育基金会,是经浙江省民政厅审核批准的具有公益性捐赠税前扣除资格的非营利性“AAA”级社会团体。基金会成立以来,紧紧围绕“支持浙江省金融教育事业发展”的宗旨,充分依靠金融界和社会各界的力量,推动浙江省金融教育事业不断发展。

(一)基金会自身的定位与功能

高校教育基金会要做好基金会工作,必须明确基金会的定位与功能,研究教育基金会如何在大学人才培养的中心环节中发挥作用。教育基金会不仅能为大学的发展提供财力上的支持,而且亦能因其独有的特性,透过丰富多样的项目实施,在大学人才培养的中心环节中发挥重要作用。浙江省金融教育基金会成立以来,以其完备的组织体系和智力支撑，科学筹划设计，设立了帮困助学、奖教励先、奖优促学等方面的基金项目，支持浙江省金融教育事业的发展。

（二）基金会承担的目标与责任

做大基金会必须要确定发展的目标和明确承担的责任。浙江省金融教育基金会的目标是积极募集资金，奖教助学、奖教励先、多元支持人才培养；其工作责任一是依法筹措支持教育发展的资金，二是科学设置项目发挥资金的作用，三是加强建设壮大自身发展的力量；其社会责任一是激励高校教师潜心教书育人和科研，二是帮助高校学生克服困难和励志学习。

（三）基金会发展的条件与基础

做大基金会必须要不断充实发展条件，夯实发展基础。浙江省金融教育基金会得以快速成长壮大，主要得益于国家、省等各级主管部门的高度重视，金融教育事业可持续发展的需求驱动，学校自身丰富的校友资源的有力支撑，此外，自身建立的一套完备的机制、制度和工作举措，拥有一支稳定、成熟的基金会工作队伍也是基金会发展的条件和基础。

（四）基金会发展的路径与机制

做大基金会必须要精心设计发展路线，科学构建发展机制。发展浙江省金融教育基金会的路径一是紧密围绕国家、省各项政策依法、依章开展工作；二是紧紧依靠金融教育事业发展需求下的潜在驱动；三是积极汇聚各行各业广大校友力量做密合作网络；四是建设一支工作能力强、业务娴熟的工作队伍；五是加强平台建设、增强品牌影响和社会辐射力。而机制创新则包括构建层次分明、关系密切、兼容并包的组织建设机制；渠道广泛、参与度高、数额递增的募集工作机制;项目丰富、分配合理、推动力大的资金运用机制;更高效率、更具推力、更为广泛的工作激励机制和公开透明、严谨规范、公信度高的管理监督机制。

(五)基金会优化项目设计

基金会优化项目设计充分体现基金会的宗旨,发挥基金会的功能,落实基金会目标,实现基金会规范科学发展。浙江省金融教育基金会依照国家有关规定,根据自身优势,围绕基金会章程,通过做精、做实传统项目,创新设计新型项目,创立品牌项目,增强社会公众对金融教育基金会事业的关注度和参与度,扩大社会影响力和知名度。

六、做密合作网

开放办学职业教育的重要特征,探索建立适应高等职业教育特点的校企合作机制和体制,是高等职业教育特色办学和提高人才质量的基础性条件。在校企合作体制机制建设方面,我国高等职业教育界都在进行积极探索。学院充分利用自身优势,积极构建"行业、校友、集团共生态"开放办学模式,将校企合作落实到专业(群)层面,构建以专业(群)为单元的校企合作开放育人平台,并以混合所有制理念办德清学院,拓宽了校企合作的视野和路径。

(一)以金融专业群为主体,构建校企合作综合体

金融专业群主要为银行类、证券类金融机构培养柜面服务与客户经营类基层一线复合型人才。学院充分利用、不断拓展合作机制,与浙江省内外银行和证券类机构联合组建以订单式培养为载体的银领学院、以开展岗位培训为主体的浙江金苑培训中心、以开展应用型研究为主体的浙江地方金融发展研究中心、以应用型人才培养为重点的应

用型金融人才培养研究院、以考证考级服务为重点的技能鉴定中心。这五个功能主体连同金融系(教学单位)共同组成校企合作综合体,同时履行学生订单培养,学生实习就业,银行职员培训,社会人员考证考级,校、企、政共同实施发展战略研究或应用型研究。

(二)以会计专业群为主体,构建校企合作有机体

会计专业群(会计系)是学校重要的教学单元,同时,学校充分利用各种有利条件创立了浙江众诚资信评估有限公司,组建研究机构——浙江众诚会计与信用研究中心,探索形成了校企合作有机体——众诚会计学院。浙江众诚资信评估有限公司以借款企业信用评级为主营业务,与金融机构联合开展评估,推进了三层次(公司、联评金融机构、参评企业)就业与合作网络的形成;众诚会计学院同时也拥有了人才培养、科学研究、社会服务三大职能。在相互合作过程中,教师教学即工作,学生学习即工作,企业合作即育人,会计系、评估公司、研究中心三方领导相互兼职,中层互任,人员互聘,成为一个合作共赢的有机体,同时又将传统的教室、实验室和工作室功能集于一体,成为"学习工厂"。

(三)以商贸专业群为主体,构建校企合作共生体

在我国高等职业教育中,商贸类专业占有很大的比重,这些专业毕业生就业有很大市场,创业有很大空间,而对这些学生的知识、能力、素质培养,后两者显得更为重要。学院商贸类专业群围绕不动产经济、中小外贸企业开展校企合作,以培养学生创业能力为重点,把学生就业与向创业发展结合起来,在与企业合作中教育培养学生,同时培养的一部分优质学生又创办新的企业,成为新的校企合作伙伴,从而实现了合作共生体建设的目标,使校企合作更有实效性。

(四)以混合所有制理念办德清学院

创办德清学院,其目的在于通过校、政、行、企合作,为浙江省金融后台基地培养急需的高素质技术技能型金融人才,为全省金融业转型发展做出积极贡献。2014 年 1 月,学校根据德清县建设长三角金融后台服务基地的路线,构建了多边合作机制,创设了德清金融服务外包学院。2015 年 7 月 15 日,学校、德清县人民政府、浙江省农村信用社联合社在德清联合签订合作协议、细化方案,在巩固和充实金融服务外包学院的基础上,探索以混合所有制理念和面向行业实际需求创新办职业教育。

七、做品学校

做品学校中的"品"包含着学校的品牌、品质与品位,其中内容十分丰富,主体包括教师、学生和校友,内容包括教学、科研和管理,保障包括安全发展与廉洁发展,层次包括高品质幸福金院品牌塑造与推广和"七彩金院,交相辉映"。

(一)牢固树立全心全意依靠全体教师办学的理念

全心全意依靠全体教师办学,最紧要的是确立教师的主体地位。学院坚持师资队伍建设战略上重视、财力上保证、工程上推动,按照数量充足、结构合理、素质精良、专兼结合、双师组合、机制融合的建设思路,以尊重教师个性、倚重教师德才、注重教师发展为基本理念,形成青年金翅膀、中年金台阶、老年金降落伞的激励机制,强化高等职业教育教师的三种经历要求,推进教师的三项能力提升,实现教师的三方融入,大力实施"教师千万培养工程",取得明显成效。

（二）积极推进“以生为本”办学理念的实践

学院以“一切为了学生，为了学生一切，为了一切学生”的爱生理念，构建“关爱学生进步，关注学生困难，关心学生就业”工作体系，建立并完善发展服务型学生工作体系，以学生“千日成长工程”为主要载体，以“品德优化、专业深化、技能强化、形象美化”为工作目标，并以“八个一点”“八个起来”推进素质教育落小、落细、落实。

（三）坚持就业为导向，不断推进教育教学改革创新

高职院校肩负着培养生产管理服务一线高素质技术技能人才的使命，“以就业为导向”是高职教育科学定位的基本原则，也是高职教育赢得社会认可的必要策略。学院树立“以就业为导向，以学生为中心”的教学理念，坚持以就业为导向，推进教学改革创新，以职业、岗位、工作为基本依据所设计的职业教育教学模式，推动专业设置与产业需求对接，课程内容与职业标准对接，教学过程与生产过程对接，毕业证书与职业资格证书对接，职业教育与终身学习对接，从而达到最大限度地促进学生就业的目的。

（四）凝聚全中国校友力量，推进高品质幸福金院建设

在办学发展过程中，学院非常注重打造优秀品牌，也非常重视校友事业发展和校友资源的开发、整合和利用。学院构建校友学习交流网，助推群体崛起；凝聚全中国校友力量，支持金融教育事业；培育校友文化，构建三维育人文化体系；发挥校友作用，构建和谐办学生态。丰富的校友资源，形成了良好的职业教育品牌。校友群体已成为学校凝聚资源、传承文脉、扩大交流、促进发展、品牌引领的重要力量。

(五)推进教授治学,加强民主管理

教授是高校存在的价值体现,是高校民主管理的主要力量,教授治学主要体现在教授群体在高校的学术管理上。学院于2009年9月成立教授委员会,教授治学通过教授委员会实施,充分发挥了教授参与学术事务决策和管理的作用。学院从1991年建立教代会制度以来,广大教职员工认真行使民主权利,并发挥工会、共青团、学生会等群众组织在高校民主管理中的积极作用,积极参与学校民主管理和监督,成为学院民主管理的重要组成部分。

(六)坚决守住学校安全稳定底线

安全稳定是一所高校发展的基本保障。学院通过加强校园文化建设,充分发挥政治教育主渠道优势;充分重视校园信息工作,加强安全稳定队伍建设;完善工作机制,形成了以"12345"为特色的等级"平安校园"建设新模式;发动多方力量,健全群防群治维稳体系;深化心理健康教育,完善校园科学预警机制等工作,守住安全稳定底线。

(七)始终保持党风廉政建设常态

切实加强高校党风廉政建设对营造风清气正的育人环境,培养德智体美全面发展的合格人才,具有重要意义。学院从"三严三实"出发,认真落实主体责任和监督责任,通过党委重廉、监督促廉、制度保廉、教育启廉、文化润廉等"五廉",推动作风建设常态化、长效化,党风廉政建设始终保持常态。

(八)认真抓好学校品牌塑造与推广工作

学院从实际出发,明确建设国内一流、国际知名的高职院校,全面建设更高品质的幸福金院,并着重通过教学质量和文化校园两方面塑

造品牌，前者主要体现在名师建设、专业建设、精品课程，以及学术成果的社会影响等方面，后者主要体现在学校的金融文化、诚信文化、校友文化三维文化育人上。在此基础上，通过各种渠道，学校将品牌定位、理念设计、行为设计、标志设计、办学成效等内容通过有效的方式传递给校内外公众，形成社会公众对学校的良好印象和积极评价。

（九）努力营造“七彩金院，交相辉映”的局面

学院下设金融系、投资与保险系、会计系、经营管理系、国际商务系、信息技术系、人文艺术系等七个二级管理实体机构。金融系打造中国金融职业教育第一品牌；围绕新金融产业，特别是新金融的发展做大做强投资与保险系；提升会计系在全国财经类、商业类高职院校的品牌影响力；发挥经营管理系在订单培养、校企合作与创新创业教育等方面的特色和优势；推进国际商务系高水平师资队伍建设和校企合作协同创新；以互联网金融发展为契机，拓展信息技术系人才培养新领域，提升师生信息素养；发挥人文艺术系在提高全体学生的人文素质等方面的独特作用，形成“七彩金院，交相辉映”的良好局面，推动高品质幸福金院建设不断前行。

第一章

做精教学

高等职业教育作为中国特色职业教育体系的重要组成部分，经过30多年的探索发展，办学理念和体制机制基本形成，培养高素质技术技能人才的目标逐步明确。在经历了规模扩张阶段后，高等职业教育已进入内涵建设阶段。高等职业教育以培养职业化专业(技术)人才为主要目标，坚持职业素质和职业技能并重，坚持育人为本，德育为先，把立德树人作为根本任务，全面构建素质教育体系。同时，课堂教学作为一种常规工作，仍然是教学的基础环节，是提高人才培养质量的重要抓手。高职院校的人才培养工作、科学研究、社会服务，以及文化传承与创新等职能都必须以教学为基础。因此，加强和改进教育教学已经成为高职内涵建设的关键。对于浙江金融职业学院这样一所全国首批示范性高等职业院校而言，做精教学是学院着眼于提升教育质量而提出的，这既是学院一如既往重视教学的体现，也是贯彻“以生为本”办学理念的重要举措，更是推动学院可持续发展的关键一步。

第一节　优化专业结构设计

专业是连接学校教育和社会需要的桥梁，是高职教育提高教育质量和提升办学水平的基本着力点，专业建设是高等职业教育人才培养体系的核心。高职院校专业布局不尽相同，以龙头引领型专业架构起航空型专业结构是当前高职院校优化专业结构布局的理想模式。

一、专业的功能和作用

（一）专业是职业教育区别于普通教育的基本标志

高等职业教育不同于普通教育，不以学科教育为中心，而是旨在培养适应经济和社会发展基层一线需要的高素质技术技能人才，因此必须加强对产业、行业、企业、职业的分析，并在此基础上确定相应的专业，组织相关的教学和建设。正因如此，可以这样认为，专业是职业教育的最基本标志，而本科教育的主要特征是学科。

（二）专业是高职院校教学管理和活动的基本单元

从高职院校内部运行和对外交流活动看，专业作为一个基本单元，招生从专业开始，教学组织以专业来划分，系（部）因专业群而设置，教材以专业为单位进行系列编撰，学校以专业为单位设立教研室，组织专业教学指导委员会，聘请兼职教师，建立校内实验室和校外实训基地，毕业生就业数和质量的考核和分析工作也以专业来划分。

（三）专业是高职院校资源配置的基本指向

从教育主管部门看，一般对高职院校组织评定重点专业、特色专业，评定优秀专业带头人、优秀专业教学团队；从学校内部看，一般也以专业为单位分配办学经费、设立工作机构、编班教学、设置实验场地、配备教师干部和班主任等，这说明，高职院校资源配置一般以专业来划分和安排的。

（四）专业是高职院校内涵建设水平的首要体现

反映一所高校水平的指标很多，如国家政府部门的重大项目、重点实验室、有重大影响力的论著、各类学术组织的地位等，这在高等职业院校也很重视。然而，高职院校以人才培养为主要职责，而人才培养以专业为单元展开，因此，专业带头人情况、专业教学团队水平、专业毕业生就业质量、专业招生分数等，就成为高职院校水平的重要标志；有多少重点（特色）建设专业、有多少优秀专业带头人，就成为高职院校最重要的内涵指标。

（五）专业是高职院校办学特色和基本标志

高职院校大多由行业主办或主管，一般具有行业性特征，即使是地方政府主办或主管的学校，也有一定的主要的专业领域。反过来，专业建设的架构也决定了学校活动的主要领域和范围，因而也显示出学校的特色和水平。如以金融类专业为龙头的浙江金融职业学院、以机电类专业为主体的浙江机电职业技术学院、以旅游类专业为主打的浙江旅游职业学院，都反映了专业格局决定学校办学特色。

（六）专业是高职院校走向市场的基本载体

高职教育实施校企合作的办学模式，践行工学结合的人才培养模式，坚持以服务为宗旨，就业为导向，走产学研相结合的发展道路。因此，开展校企合作、加强社会服务是高职院校的基本特征，也是其工作重心。然而，在开展校企合作、社会服务等工作时，一般都以专业为单位，由专业教学团队来组织实施。正因如此，专业成为学校走向市场、合作市场、赢得市场的重要平台和载体。

二、高职院校专业布局形成的一般逻辑

尽管我国的高职院校办学特色不尽相同，专业结构有所差异，但高职院校专业布局形成基本遵循以下四种理论的指导。

（一）需要论

经济社会发展的特点和要求决定了人才的需求，因而对专门为人才培养服务的高职教育也提出了相应的要求。比如深圳职业技术学院曾提出，“深圳产业发展到哪里，深圳职业技术学院的专业就设置到哪里”。又如伴随国家产业“走出去”战略的深入，石家庄铁路职业技术学院就围绕铁路“走出去”战略，专门设置了相应的专业课程和培养方向。

（二）条件论

满足经济社会发展需要，培养适需人才是高职教育的重要使命，但专业的设置也是有条件的，这个条件既包括各所学校自身所拥有的师资、设施、资源等硬性条件，也包括各所学校因为不同的办学传统、与特定产业或行业的历史联系所形成的软性条件，更包括不同地区的教育行政主管部门在专业准入上的审批管理（如指标限制）、政策导向（如鼓励或扶持某些专业）等制度性条件。

（三）热门论

在经济社会发展过程中，经常会在经济、社会和文化领域涌现出一定的热点现象。在这种热点现象的映照下，一般就会在一个阶段内

形成专业建设中的趋热、追热、赶热现象，哪里热就上什么专业，如电子商务、社区管理、证券期货，热门现象也包括考生和社会都比较热衷的专业（如国际商务等）。

（四）普适论

专业虽然都是专业，但各个专业之间有不同的社会评判标准。有些专业含金量高，但进入门槛高而难（如珠宝加工与鉴定）；有些专业就业方便且广受市场欢迎，但专业建设财物投入要求高（如工业自动化）；但有一些专业准入门槛和建设投入不大，就业面向又相对较广（如文秘、市场营销、工商企业管理、会计、计算机信息管理、商务英语等），因此出现了各所学校均设置的普适性专业。

三、高职院校专业布局的基本类型

按照高职院校专业设置的一般逻辑，经过多年的实践与积累，我国高职院校形成了非常鲜明的专业结构，基本类型主要有以下四种。

（一）“一”字形专业结构

该结构一般见于地方性高等职业院校，由于历史和现实因素，这些学校一般是由多所中专学校合并而成，合并前专业设置比较宽泛，又因为有强烈的宽口径需求，最终往往形成一种“一”字形的专业结构。有些学校从农林牧渔、生产制造到医药卫生乃至师范一应俱全，专业上百个，其口径比全国综合性大学还要宽泛，重点一般也不是很突出，校园文化也很难培育和彰显。

（二）“1”字形专业结构

该结构一般见于由行业举办的高等职业院校，主要开办以行业企业所需的极少数专业，或者虽然有多个专业，但主要以某个行业为支柱提供相关辐射服务，如瑞士洛桑酒店管理学院。我国前些年建设发展的医学专科学校、医疗器械专科学校、护理职业学院等也具有上述特征。应该说，这种办学形式在20世纪80年代至90年代比较明显，其培养的人才专业性强，对口率高，具有鲜明的行业特色，但近10年在高等教育大众化和规模扩张过程中，已经日益显现其不适应性。

（三）"△"形专业结构

该结构一般见于由行业性中专升格而来的高职院校，这些学校主体专业受几十年办学传统的影响，显得比较突出和鲜明，但由于受规模发展要求等因素影响（尤其是近年来普遍实行生均拨款办法），这些学校一般都发展一些普适性或大众化程度较高的专业，逐步形成了一专为主，多样化适度发展的专业结构，这在目前部属、省属高职院校中相当普遍，因为是三角形，所以比较稳定。

（四）哑铃形专业结构

这主要是由几所（通常是两所）专业结构相同或相近的学校合并组建的高职院校会出现的状况，如工校与林校合并，林校与农校合并。这类学校自然就形成了哑铃形专业结构，确实很难理解其办学特色和特点。

总体而言，我国高职院校专业结构类型各有其特点。如"一"字形结构可以较好地满足和适应当地区域经济社会发展的要求，但摊小面大，难以管理，范围广泛，难以形成特色，而且总体上处于被动应付状态；又如"1"字形专业结构，有利于办出特色和水平，但容易受行业政策影响而波动起伏，况且在生均拨款体制下，学校难以坚守；再如"△"形专业结构，很难勾画出一个和谐的专业框架，虽比较稳定，但不一定有利于内部运行和专业建设的推进；而哑铃形专业结构形式，虽充分利用了初始优势和资源，但作为职业教育，总让人感觉有特色不好把握、建设难以推进的缺憾。

四、浙江金融职业学院的“航空型”专业结构建设的探索与实践

在专业结构布局与建设上，浙江金融职业学院遵循初定方向、逐渐推进、注重内涵、不断优化的原则与程序，形成了以金融保险类专业为龙头（核心），财会商贸类专业为主体（主干），人文艺术类和计算信息类专业为支撑（辅助）的“航空型”专业结构。具体内容为：

（一）做大做强金融保险类专业

根据高职高专院校专业目录，将原本合一的金融、保险、投资专业群分设为金融系和投资与保险系，构建“大金融”平台，着力在金融管理实务、投资与理财、保险实务等专业上下功夫，充分利用全国高职教育金融管理实务专业教学资源库主持单位和浙江省优势专业建设项目的有利条件，努力将金融管理实务专业打造为全国金融职业教育第一品牌，将投资与理财、保险实务两个专业群提升到全国的领先水平和地位。

（二）做名做特财会商贸类专业

根据市场需求，兼顾国家政策，注重科学布局，不断把会计、财务管理、国际贸易实务、市场营销等专业积极扩展，创造条件做名做特。一是充分利用全国高职教育会计专业教学资源库重要成员单位和浙江省优势专业建设项目的有利条件，做名会计专业群，提升全国影响力；二是充分利用全国高职教育国际贸易专业教学资源库主持单位和浙江省优势专业建设项目的有利条件，做特商贸类专业，带动提高

相关专业群的内涵建设水平，扩大相关专业在全国同类院校的影响力。

（三）适当发展人文艺术类和计算信息类专业

从社会人才需求和学校办学条件出发，顺势而为，发展文秘、计算机信息管理、多媒体技术等专业，既是一个使专业结构有合理回旋的专业布局战略，又在一定程度上支持学校人文素质教育开展和信息化建设的需要。

第二节　提升专业建设理念

专业是高职院校开展人才培养和社会服务最直接的微观基础。高等职业教育进入内涵建设阶段后，专业的建设和改革成为高职院校深化内涵的中心工作，而专业建设和改革必须在科学的理念指导下才能顺利推进。

一、近年来高职教育专业建设的发展和创新

（一）高职教育专业建设的发展历程

一般认为，我国的高等职业教育是从 20 世纪 80 年代起步的。但应该说，在相当长一段时间内，高等职业教育的办学性质和办学定位是不明确的，在很长时间里，它被视作本科教学的“压缩饼干”而起步并发展起来（直至今天人们还把高职高专作为一个统一整体来看待）。在相当长一段时间内，专科占据着主导地位。诚然，“压缩饼干”式的办学在一定程度上实现了人才培养的多快好省，也符合 20 世纪 80 年代高等学校人才培养工作的基本特征。但专科的专业目录实际上就是本

科的专业目录，它以学科为基础，以压缩为手段，便成为高职教育初始阶段专业建设的基本特征，尽管站在今天的时点上看，也许是不科学的，甚至是有过错的，但在当时的背景下，它却有着十分积极的意义：一是它实现了有类可循、有业可学、有专可分，满足了当时条件下高等职业教育教学管理的需要；二是适应了中国社会和文化认同归属的需要，便于社会和人们接受和理解；三是从形式到内容，从教学到评价，有章可循、有据可依，正因为这样，它满足了高等职业教育初始发展阶段的要求，也是符合中国高等教育运行和发展逻辑的。

世纪之交，中国实施了以明确导向和目标的新型高等职业教育大发展战略，并以此全面推进高等教育大众化。在这种背景下，作为高职教育基本单元的专业建设受到了社会各界和教育主管部门的重视。教育部启动了高职高专指导性专业目录研制工作，经过努力，形成了包括“农林牧渔、交通运输、生化和药品、资源开发和测绘、材料与能源、土建、水利、制造、电子信息、环保气象与安全、纺织食品、财经、医药卫生、旅游、公共事业、文化教育、艺术设计传媒、公安、法律”19个专业大类，下设78个专业门类，532种专业的格局。

专业指导目录贯彻“以服务为宗旨，以就业为导向”的办学理念，体现了高职专业设置的特色，努力促进职业教育与就业创业教育紧密结合的指导思想，并体现出如下特色：一是职业性与学科性结合，以职业岗位群或行业为主，兼顾学科分类；二是适应性与针对性相结合，实行宽窄并存；三是灵活性与稳定性相结合，兼顾统一和自主。它规定了专业划分、名称及所属职业技术分类，反映了职业技术人才的业务规格和培养目标。应该说，它对国家实施高职高专教育的宏观管理，对推动高职高专学校规范办学起到了十分积极的作用。在这一过程中，教育部又以教高〔2004〕1号文件的形式，明确了以就业为导向，推动高等职业教育改革发展的若干意见，第一次统一了“高等职业教育”这一概念，使高等职业教育专业建设进入一个新的阶段。

(二)国家政策文件对高职教育专业建设的有力促进

以2006年《教育部关于全面提高高等职业教育教学质量的若干意见》(教高〔2006〕16号)(以下简称16号文件)为代表的国家政策文件有力促进了高职教育的专业建设。16号文件在高等职业教育发展史上具有里程碑意义,它在明确了高等职业教育是高等教育发展中的一个类型的同时,第一次系统地规范了专业建设及其要素,明确提出对专业设置、专业人才培养、专业体系建设及学生就业等方面的要求。在此基础上,16号文件明确指出,要在国家、省、学校三级分别建立重点专业建设体系,并强调了专业建设的10个要素,即以行业(企业)专家为主体组成专业指导委员会,建立专业教学标准,建立与专业相联系的职业鉴定机构,建立与专业相协调的职业资格证书,以专业为基础建立校内外实训、实验和实习基地,以专业为单位建立专兼结合的教学团队并明确每个专业应该有2名以上高水平专业带头人,有一个稳定的兼职教师队伍,有一批骨干教师,专业教师要能够形成"请进来、走出去"的机制等。

(三)国家示范性院校建设计划对高职教育专业建设的巨大推动

我国从2006年开始实施国家示范性高职院校建设计划,示范性高职院校建设除了在促进学校办学实力、教学质量、管理水平、办学效益和辐射能力等方面提高以外,在创新人才培养模式、建设高水平专兼结合教学团队上进行了较大投入,而其中人才培养模式和教学团队建设均以专业(群)为基础,由此形成的以专业为基点,建立开放式管理平台,大大促进了专业建设水平的提高。尤其是在示范建设进程中,突出强调重点专业建设,强调重点专业带动专业群,重点专业带头人培养,专业人才培养方案的规范与创新,以专业为单元的社会服务能力和校企合作机制的建立,专业教学资源库建设,专业核心课程及体系建设,围绕专业建设专兼结合教学团队，围绕专业建设校内外实训基地，围绕专业开发职业资格证书，等等，都大大促进了高职教育的改革和发展，有力推进了学生就业和创业，学生受益目标落到了实处。

二、现阶段高职教育专业建设面临的矛盾与困惑

客观地讲，我国的高职教育发展时间虽短，但成绩非常巨大。就专业建设而言，成绩更为突出：一个重视专业建设的高职教育氛围已经形成，一个以专业为核心、以重点专业为龙头的高职教育改革与建设机制正在逐步走向成熟。然而我们必须看到：

（一）高职教育专业的向上延伸和对接问题矛盾突出

教育的目的不仅要使人有业、乐业，也要有利于人的全面发展，这就是我们平时所说的，要办特色鲜明、人民满意的高职教育。由于高职毕业生不仅要就业，而且有升学和发展的需求，这就使得基于社会分工和岗位设置的高职专业与基于学科体系和学术发展为基点的本科、研究生专业之间难以衔接，也使得无数高职毕业生必须，耗费大量时间和精力去重圆学术教学老路，而且这样做也使本来还不坚固的高职专业类型又往往容易被非议甚至被打破。

（二）高职教育专业制度没有从根本上建立起来

专业建设制度是学校共同遵守的、落实专业建设计划和专业建设方案，促进学校专业建设实施与专业设置，专业建设管理与专业建设评价有效性的一系列规程和行为准则。其中包括国家专业建设制度和学校专业建设制度。从目前情况看，国家高等职业教育的专业建设制度尚未起步，学校也缺乏相应的规范性制度；从宏观管理看，专业建设制度不规范、不系统、无章可循的情况非常突出，连专业目

录都尚在试行之中,更无考核,使得高等职业教育可持续发展受到严峻挑战。

(三)学校和教育行政部门对专业建设不够重视

由于高职教育属于高等教育,教育主管部门往往简单化地将评价普通本科院校的办法移用到高职院校中。如评多少学科(学术)带头人,即使是开展了评价专业带头人的省份,也往往用学科(学术)带头人标准来认定。同时,在相当一部分高职院校,既出于教育行政部门考核的需要,也出于简便的考虑,往往忽视专业带头人的作用。大多数学校都把专业主任作为一个科级干部,甚至更低层次来进行管理,甚至进入第四等级,即院—分院—系—专业教研室,严重影响了专业建设的开展,也极不利于高职教育办出特色,办出水平,提高质量,更不利于鼓励优秀专业带头人稳定成长和发挥作用。

(四)构筑专业过程中的学术化倾向依然存在

从客观上看,高职教育的专业体系有一个过程,它既需要接轨区域经济和行业发展,也要为行业企业和社会各方所认同;另一方面,高职院校及其主管部门应该注重专业开发、研究及宣传推广。从目前看,虽然我们已经从理论上解决了认识问题,但从实践层面上没有很好解决这一问题。高职专业设置上的对应本科学科倾向非常明显,如本科金融学专业对应高职的金融管理与实务专业,本科保险学专业对应高职的保险实务专业,本科会计学专业对应高职的会计专业等现象普遍,正因如此,高职教育中基于社会需求和岗位设置的专业建设特色难以显现也难以体现出生命力。

(五)科学有效的专业建设考评机制尚未建立

专业是高等学校教学的基本单元,是人才培养工作的载体。但目前高职院校中设多少专业，设什么专业，在相当程度上仍取决于校领导和教务处负责人的偏好，甚至受某些教师的突发奇想的影响。设置一个专业需要什么条件？应该怎样评估？至今没有科学的办法和政策。尽管称市场是检验的标准，就业率、就业对口率、起薪率是重要考评依据，但高等职业教育作为高等教育的一个类型，它要遵循高等教育的一般规律。专业建设必须科学化、规范化，在行动层面必须有科学、完善、规范的制度安排与操作方案。

三、努力构建有利于可持续发展的高职教育专业建设机制

从可持续发展高度看，全面审视高职教育办学模式和人才培养模式，以专业建设为核心与基点是最为重要的，围绕专业建设构建管理和运行机制则更为紧迫。

(一)提高认识:确立专业在高职教育中的核心地位

应该充分认识到，专业是高职院校服务经济的重要载体，也是高职院校联系社会的纽带，专业建设关系到高职院校服务经济建设和社会发展的方向性和有效性，也关系到学校能否满足学生就业的需要，从而吸引到最广泛的生源，事关学校的可持续发展。具体地说，一是要通过专业来彰显学校属性。专业，尤其是品牌和特色专业，是高职院校走向社会的名片和标签。二是要以特色专业彰显学校特色。特色专业就是具有自身优势，能彰显自身办学特色的专业，往往可以建成强势专业，只要与时俱进，相对稳定，办出水平，就能彰显学校特色。三是以专业建设统领学校发展。尤其是如何围绕专业建设配备师资和管理队伍，围绕专业建立实训、实习、实验基地和其他教学条件，就能成为推动学校发展的杠杆。总之，必须把专业建设提高到学校生存、发展、特色培育的高度去认识、把握、考量和投入，防止唯学术型、学科型的不正确做法。

(二)调整管理:建立以专业和专业群为基点的学校管理架构

在我国,高等学校实行院系二级管理是一个惯例,近年来,随着教育事业的发展,由于受种种教育思潮的影响,系改院成为一股风气,这虽在一定程度上促进了院校内部管理体制的改革,推动了学校事业的发展,但也在一定程度上制造了混淆,模糊了关系。而作为新兴的高职院校,似乎也未能幸免——系改院亦已经成为时尚。在这一改革中,专业不仅被降格,而且被淡化,甚至被忽视。以专业或专业群为单位,建立高职院校微观(基层)教学单位,应该是彰显高职教育特色的科学之举。这就是说,高职院校不一定要实施院系二级管理,而应该实施院—专业(群)管理体制,即使是院系二级管理也应严格按专业或专业群划分系级设置,以切实重视专业建设,提高专业在学校运行和管理中的地位和影响力。

(三)突出重点:建立起高水准的专业带头人培养机制

高职院校的专业带头人既是专业教育的设计者、专业市场信息的捕捉者,也是专业教学的组织、实施者,专业学生管理的谋局者,专业教育管理的指挥者,是以专业为单位的专兼结合教学团队的协调和指挥者,也是对学生实施全方位教学与育人,包括招生、就业和日常管理的总设计师,其地位重要,影响巨大,作用显著。学校应该做到:一是提高其地位,尤其是提高其在学校内外部事务中的政治、经济和社会地位;二是改进其待遇,在收入分配、专业建设经费、参与行业企业活动等方面给其足够待遇;三是保障其条件,要在进修提高、出国培训等方面保障专业带头人的工作条件;四是扩大其影响,要为专业带头人成为学校发展名人,成为在社会有影响的名人创造条件,提供可能;五是赋予其权力,专业带头人在聘用专任教师、校内兼职教师、校外兼职教师、分配使用经费等方面赋予足够权力;六是支持其成名,学校在评比先进、推荐各类项目、科研立项等方面要给专业带头人倾斜照顾。当然学校也要建立专业带头人竞争机制,加强专业带头人考核,从而有利于专业带头人健康成长,形成梯队,发挥作用。

(四)围绕重心:按专业建设要求进行人、财、物投入

在高职院校,如何使有限的投入产生最大的效益,如何有效进行投入?可围绕专业重心来进行,即"重点专业重点投入,一般专业一般投入,特色专业特别投入,淘汰专业停止投入"。根据专业建设和人才培养工作需要配置专业教师和管理人员,建立老中青结合、专兼结合管理团队;根据专业发展和运行需要,建设校内外实习、实训和实验基地;根据专业教育进展,建立学校运行和管理机制。当然,在这过程中,也应认真研究专业群范围内的共享和互通。

(五)注重关键:国家建立专业教学资源库和重点教材

从教育行政主管部门角度看,出于服务的考虑,应该重点抓好两项工作:一是资源库建设,集中全国优势专业教师,采用学校和行业(企业)相结合的办法,着力推动受益面广、影响力大的专业教学资源库建设,并建立可持续发展考核评价机制,使重点专业有基本标准;二是课程和教材建设,采用公开招标的方法,集中业内外专业教师和兼职教师,开发若干套有代表性的、高水平的专业课程教材和教学辅导书,从而有利于各高职院校和社会各界使用。此两项最好纳入国家计划。

(六)强化考核:教育行政部门要建立专业考核评价制度

从管理角度看,教育行政部门应围绕专业建设开展考核评价制度,对新办学校,设立专业招生准入制度,对办学时间较长的学校,开展重点和特色专业认定评价制度,并定期进行调整,向社会公布,以在促进学校重视专业建设的同时，推动全国范围内专业规范、重点专业、特色专业的形成。这项工作应由教育部门组织，会同行业、企业专家，在社会层面公开进行。

四、浙江金融职业学院围绕专业建设强化特色、提升质量的实践与探索

浙江金融职业学院自2000年举办高职教育以来，一直重视专业建设，以此为基础推动了学校特色的形成、质量的提高和品牌的铸就，其做法要点有：

（一）确立专业在学校基本单元、基层组织、基础工作中的地位，使专业成为学校发展和运行核心、中心和重心。学校以专业（群）建立两级管理机制。

（二）确立专业带头人在学校的重要地位，倡导让专业带头人成为学校政治、经济、社会地位最高，最受领导、教师和学生尊重的人，并拥有人、财、物等各项权力。

（三）建立专业带头人公开选拔、培养和考核管理机制，明条件，公开选；明职责，厚待遇；严考核，多鼓励，促进专业带头人队伍的成长和可持续发展。

（四）以专业为单位建立“三结合”育人团队，包括以专业为单位建立党支部，建立专业教师、行业（企业）兼职教师和素质技能类教师三结合的育人团队。实施从招生到就业的一条龙、一体化、一站式管理。

（五）建立专业带头人职业生涯发展机制，积极创造条件使专业带头人（尤其是重点和特色专业带头人）从管理层面进入中层，赋予一定的教学事务的决策权，并增强其执行权；从社会上进入各类代表和委员会成员（包括教代会主席团），增强其话语权；从学术发展上创造条件

让专业带头人多参加学术会议和行业专业活动，成为各类协会成员，增强其影响力。

（六）构建有利于运行和建设的环境和条件。包括建立行业（企业）为主体的专业指导委员会，建立以专业为单位的校内实训基地（中心），建立以专业为需要的校外实习基地，建立专业相结合的产学合作公司、培训组织和社会服务机构，等等，同时也确保专业建设人、财、物投入，促进专业建设的可持续发展。应该说，浙江金融职业学院重视专业建设，对推动学院成为国家首批 28 所示范性高职院校产生了积极作用。

第三节 强化优势专业建设

专业、专业结构布局、专业建设理念等问题在我国高等职业教育占据十分重要的地位，采用何种方法推进专业建设则成为教育行政管理部门、财政部门的重要抓手，也成为衡量一所学校定位、特色和质量的重要标志。当前，优势专业的推出和建设是推进高等职业教育科学发展、可持续发展的重要举措。

一、优势专业建设在高职院校内涵建设中的作用

（一）优势专业的核心地位决定了其是体现一所高职院校办学水平的标志性要素

衡量一所学校的办学水平，既要有名又要有实，名是一种历史积淀，是一种文化认同。通常，名校都有历史积淀，更有文化影响。在动态发展的高校教育实践中，人们通常会持续关注学校的办学实力、水

平和影响。高等职业教育的主要任务是以就业为导向，培养职业化专业人才，因此，人们通常会更加关注高职院校一个个面向行业需求、面向特定职业岗位群的专业是否具有优势地位与品牌影响力。专业的地位与实力反映了高职院校的办学水平与实力，一定数量的优势专业的存在和可持续发展，奠定了高职院校的水平和地位。

（二）优势专业的竞争力水平反映了一所高职院校办学的水平和实力

专业的基础地位决定了专业水平和实力在划分学校水平和实力方面的重要作用。随着高职院校发展从粗放型规模发展阶段到全面进入精细化内涵发展阶段，结构和专业管理必然要替代总量管理。一所高职院校既要有规模水平和综合实力，又要有高品质的优势特色专业。高职院校培育和形成一批有竞争力的专业，在招生就业和社会服务等领域形成优势和品牌，这必然会大大提升高职院校的办学实力和品牌影响力。

（三）优势专业是家长、考生和社会选择的重要依据

家长、考生和社会在选择学校时，既注重学校的整体综合性因素，也注重专业的具体内生性因素。目前高职院校之间尽管学校名称不同、类型不同、区域也不同，但普遍存在着专业雷同问题，尤其是一些热门的大众化专业，各所学校都普遍开设，而专业结构却是大同小异。但是，对社会而言，用人单位普遍存在着一个对某校某专业的认同问题，这是关系到该专业毕业生能否实现顺利入职就业的重要问题；对学校而言，由于家长和考生也存在着对本校某专业的认同度问题，这就决定了家长和考生的选择和取舍，进而直接影响该专业的生存和发展前景。

二、以优势专业建设推进高职教育内涵再发展

内涵建设、质量提高的举措要抓到实处，必须要抓住专业这个根本，从中起到主抓中观、夯实微观、彰显宏观的积极效果，实现落地学校、面向省域、影响全国的广泛效应。具体而言，要通过推动建设一批优势专业来促进高等职业教育内涵建设的持续深入，为实现高职教育可持续发展奠定基础。

（一）正确定位优势专业的建设目标

正确的优势专业建设定位应当结合学校的自身特点、所处的区域需求，以及国家的政策条件，但其基本原则主要有：一是高等职业教育发展过程中需要或急需或有潜力的专业，可以在较长时间内有较好的人才需求；二是专业在一所学校发展中已有一定的规模和办学水平，包括师资队伍、办学条件、社会声誉和社会影响，也就是已经有一定的专业建设水平；三是专业发展与参与学校的总体办学定位相协调，或者说发展方向相一致，如浙江旅游职业学院的酒店管理专业、导游专业，浙江商业职业技术学院的市场营销专业或连锁经营专业，浙江金融职业学院的金融管理与实务专业和会计专业等。这实际上是说，优势专业一般是大而优、优而强、强而重的。

（二）采用协商式竞争性申报的建设办法

教育行政部门制订一个优势专业建设规划，适当明确优势专业的建设标准，支持资助办法和遴选方式，采用学校申报、专家评审及其主管部门与学校协商的方式进行，也就是它必须实现以下几个结合：一是主管部门的支持与学校的重点发展战略相结合，实现区域专业布局发展与学校专业结构的协调；二是优势专业在各所不同学校之间要有

一个适当分工，一个专业的布局不能过多过滥，即使是现在非常热门的专业，比如会计、市场营销、计算机信息管理；三是一所学校进入重点或优势专业的数量不能太多，也不可太少，综合性院校应有8—10个，专业性院校应在5—8个，这样区域内学院间可以形成一个既有一定竞争又有一定协作的关系；四是教育部门会同财政部门采用"基数＋学生规模"的资助办法，推动优势专业做强做大。

（三）优势专业建设是一个系统工程

以专业建设为重点，推进办学内涵建设是一项系统工程，它至少应包括以下五个方面内容：一是构建以专业为基点的开放办学，即校企合作机制，形成合作发展、合作办学、合作育人、合作就业的机制；二是探索研究各个不同类型、不同生源、不同层次的专业人才培养方案，形成有特色的人才培养方案和模式，体现出先进性、可持续性；三是专业建设本身应包括课程建设、师资队伍建设、校内外实习与实训基地建设、人才培养方式改革、合作教育体制机制建设、教学条件建设等，其中师资队伍建设，尤其是专业带头人和"双师"结构教学团队建设十分重要；四是以优势专业为龙头，带动专业群建设，这是发挥优势专业在校内带动作用、示范作用、引领作用的重要路径；五是以一所学校的优势专业带动3—5所兄弟院校，联合3—5个核心企业，合作建设，就能形成优势专业在校校和校企方面的联合发展机制。

（四）优势专业应带有进一步探索创新的任务

我国的高等职业教育经历了没有明确目标的摸索阶段，有了一定目标的探索阶段，推进大众化的规模发展阶段和专科层次的内涵建设阶段，目前处于按照内涵发展、提高质量的要求，加强以专业、课程和师资队伍建设为重点的内涵建设阶段。从今后发展趋势看，发展本科层次的高等职业教育，构建中国特色、世界水平的现代职业教育体系的任务正摆在我们的面前。发展本科层次的高等职业教育可以有多种途径，应用型本科转型是其一，现有专科层次的高职院校升本是其二，其他也应当有多种发展途径。而依靠现有高职院校，得从专业先行，其中优势、重点专业当是十分重要的路径。可以料想，如果在全国范围内形成1000—2000个优势专业建设点，高职教育可持续发展的道路一定越走越宽阔。

三、浙江金融职业学院推进优势专业建设具体举措

优势专业建设既是推进高职教育改革发展的重要抓手，又是实现高职教育科学发展的重要路径。浙江金融职业学院现有三个浙江省优势专业，分别是金融管理与实务、会计、国际贸易，四年累计财政投入2500万元左右。要真正使财政重点投入建设有成效，并发挥积极作用，必须采取切实有效的措施。

（一）落实三个基本点

1. 较大规模

作为优势专业，要根据专业特点和学校条件确定专业规模，能大则大，至少应超过同类学校平均水平。

2. 较高水平

人才培养质量，包括毕业率、招生录取分数、毕业生就业率、毕业生就业质量、各类考试考证水平在同类专业中处于较高水平。

3. 较有特色

专业在建设过程中必须体现高等职业教育特点，体现区域经济社会发展对人才培养的要求，具有较强的适应性、针对性，实现就业导向的培养，坚持就业与可持续发展的协调与统一。

(二)建立三个联同机制

1. 联络 2—3 家企业一起建设。校企合作是职业教育办学模式的主要特征,工学结合是职业教育培养人才的重要路径。因此,在优势专业建设过程中,必须引入典型或核心企业的标准一同建设。

2. 联合 2—3 所学校共同建设。通过联合,既从中起到示范带动作用,也起到取长补短作用,并且有利于提高优势专业建设的整体质量和水平。

3. 联结 2—3 个专业协同建设。这就是通常所说的重点专业带动专业群建设。因为优势专业一般都应该是重点专业,而与重点专业同基础的相关专业,可以形成一个专业群,通过优势专业建设,发挥财政资金的综合效应。

(三)形成三个基本成果

1. 形成系统的人才培养改革理念、方法和理论。尤其是实现校企合作、工学结合的模式,推进校中厂、厂中校、教中学、学中做等培养方法的实施,既形成成果,也形成理论。

2. 形成系统化的专业核心课程体系,要提倡和实施专业核心课程制度,把本专业联同的专业群要求的核心课程进行整体设计和改造,并尽可能形成丰富的教学资源,包括教材、教辅、课件和视频等。

3. 形成开放的校内外实训基地,建成一批具有生产或实训功能的校内实训基地,建成一批具有教学功能的校外实训基地,形成一批理实一体化的教学工厂(场),并可以开放使用,实现校际合作。

(四)实现三个显著提高

1. 实现教学与育人水平的显著提高。在原有专业建设水平的基础上,按照育人为本、德育为先的要求,使教育工作更加规范,育人体系更加健全，教书育人水平显著提高。

2. 实现科研与社会服务水平的显著提高，能够切实为行业企业解决技术和规划等方面的难题，促进和推动企业技术进步，改进生产工艺，提高生产效率。

3. 实现专业文化建设水平的显著提高，探索和形成与专业特点相适应的高职教育专业文化，设立适合本专业特点的职业素养与文化建设课程，培养有高职特点、学校特征和专业特长的优秀人才。

（五）促进三个水平提升

1. 促进高水平专业带头人的形成。人是专业建设的设计者、核心课程教学的承担者、组织者、指挥者。专业带头人也是专业资源和课程的开发者，专业相关社会服务的带头者，必须在优势专业建设中培育和提高 1—3 名高水平专业带头人。

2. 促进高水平专业教学团队的形成。专业教学团队由专业带头人和骨干教师组成，还包括校外行业企业的兼职教师。经过建设，形成专兼结合、智能互补、教育协同的高水平、高质量教学团队。

3. 促进专职教师队伍水平的提高，充分利用财政支持优势，支持教师，尤其是专任青年教师具有学工履历、博士学历、企业经历，使青年教师常规发展，超常成长，脱颖而出。

（六）要达到三项显著成效

1. 毕业生就业率稳定提高，其中包括毕业生就业率、就业的专业对口率等指标。

2. 用人单位满意度显著提高，就是用人单位对学校人才培养，尤其是本专业毕业生满意度的稳定提高。

3. 毕业生满意度稳定提高，即毕业生对母校教学、管理及专业建设满意度的稳定提高。

第四节　加强素质教育体系

素质教育是体现中国教育方针的教育思想，素质教育问题应该追溯到20世纪90年代。1993年，由中共中央、国务院颁布的《中国教育改革和发展纲要》明确提出要提高民族素质。1999年，中共中央、国务院颁布《关于深化教育改革全面推进素质教育的决定》，将素质教育问题从专家讨论、学校实践和社会争论的层面提升到国家政策的范畴。各高等学校开始兴起以加强文化素质教育为主要内容的素质教育探索与实践，得到了学生的广泛认同，并取得了积极成效。尤其是2004年《中共中央、国务院关于进一步加强和改进大学生思想政治教育的意见》的出台，以思想政治教育为主要内容的素质教育在高等学校又有了新的加强，并形成了普遍赞同和科学实践。

一、素质教育是对各级各类教育的要求，高职教育更不例外

我国的高等职业教育萌发于20世纪80年代，大力发展于新世纪初。在高等教育大众化和现代职业教育体系的交叉点上不断发展和壮大，无论是作为具有类型特色的高等教育，还是层次体系的职业教育，都需要研究和关注素质教育。高等职业教育以培养职业化专业（技术）人才为主要目标，毫无疑义，应该以综合素质和职业素质为重要内容开展素质教育。

（一）素质是社会对公民和各类从业人员的首要标准

无论是普通公民还是从事一线工作的员工，其共同前提是素质和

能力的结合，从表象上看，一个流水线上的操作工人，他必须具备的是业务技能，这无疑是对的，但人是要发展的，人也是要相处的，基于这样的背景和事实，素质就显得十分重要，无论是来自世界500强企业的调研，还是我国大量中小型企业的用工需求，大都把素质类指标放在首位，而高等职业院校培养的人才直接以面向生产、建设、管理、服务第一线的技术技能型人才为目标，通过三年左右的学习，顺利实现从中学生向职业人（社会人）的和谐转变。因此，除了要求其动手能力强外，还必须要求其岗位适应快，职业操守好，具备团队协作精神和人际沟通能力，这就同样提出了素质教育和素质养成的问题。

（二）历经应试教育的高职学生尤需补上素质教育这课

尽管党中央、国务院及教育行政部门强调素质教育已经多时，全社会对加强素质教育也有积极的呼唤，但我们必须看到：由于社会大环境影响，独生子女政策等因素，我国在基础教育领域普遍存在着重应试教育的现象，可谓是素质教育轰轰烈烈，应试教育扎扎实实，再加上家庭教育的影响，在处理人与人、人与社会、学习与合作等通识性问题时，当今的青年学生在很大程度上存在着缺陷。加之面临网络时代的到来，不少学生又沉浸在虚拟世界里，这无疑对从事具体生产、建设、管理、服务等社会性工作产生许多不良影响，而高等职业教育面对的学生又是应试教育中的非成功者，更有错综复杂的原因，突出的问题是贫困家庭学生多，农村学生多，又带来了教育培养中的许多不确定因素，据此，重视和强调素质教育，不仅是在响应中央号召，也是在解决实践和实际问题。

（三）培养可持续发展的人必须重视素质和养成

无论从哪个视角看，高等职业教育属于高等教育的范畴，它是高中基础上实施的教育，因此，它必须具有较高的目标定位，培养中国特色社会主义的合格建设者和可靠接班人，是其重要的任务。而要成为合格建设者乃至可靠接班人，必须要有共产主义信仰、中国特色社会主义信念，并对党和政府信任具有较高的思想觉悟和水准，力求德才兼备，并具有可持续发展能力，它不仅要求我们要用今天的理念、知识和方法培养今天工作的人，还要努力用未来的理念、知识和方法培养今天、明天、未来工作并能可持续发展的人，这除了习惯养成之外，学习能力、适应能力的培养等至关重要，即一定要从素质视角重视和培养人。

二、高等职业教育开展素质教育的主要原则

（一）以人为本原则

以人为本是科学发展观的核心，更是教育的核心。教育的根本宗旨是提高国民素质。以人为本应用到素质教育中来，就是要坚持以生为本，坚持面向学生，为了学生，培养学生，推动学生可持续发展，要从关心学生、帮助学生、爱护学生的愿望出发，讲究科学方法，选取合适内容，着力解决问题，避免大而空泛。对于高等职业院校学生而言，既要要求其志存高远，又应当注重脚踏实地，从有用、管用、能用、耐用的实际出发，选择好内容，开设好课程，组织好活动，真正使其真心喜欢，终身受用。

（二）全面合理原则

一方面，人的素质带有综合性，木桶原理告诉我们，短板有时会决定和改变人的命运，因此，我们在开展素质教育过程中，必须要强调全面性。与此同时，人毕竟时间有限，精力有限，因此，我们还要讲究取舍和选择，要形成一个既保底线和基本，又有利于展示和发挥特长的原则性与个性化相适应的素质教育方案。以底线视角看，必须强调全面

安全底线、法律底线、道德底线、政治底线;从培养特长才艺等方面看,可以强调有所为、有所不为,根据专业、岗位乃至区域、行业需要做出选择,形成合理方案,取得满意效果。

(三)突出重点原则

高等职业教育是高等教育,也是职业教育,它的主要任务是培养职业化的专业(技术)人才,要面向基层一线,适应基本工作,开展基本业务,在此基础上,推动可持续发展的实现。正因为这样,既不太可能安排过多的十分丰富而广泛的通识性教育,也不太可能研究更加广泛的问题和史料性教育,也就是说,不能因为强调素质教育而在高职教育中安排过多的“炖品”,而必须从实际出发,把握规律,强调基本知识够用、有用,基本方法实用、可用,与将来直接从事的工作相关。从这个意义上说,方法论依然重要,而现实状态和水平也相当重要,必要的“快餐”也要吃,谋求“炖品”和“快餐”的统一。

三、科学构建高职教育素质教育体系

从育人角度看,高等职业教育的素质教育是一个有机的体系,包含着丰实的内容,也需要科学的方法,既包括中央反复强调和倡导的思想道德教育,也应包括人的发展所必需的文化素质教育,自然也必须体现高等职业教育特点和特色的职业素质教育,诚然,身体和身心素质是最为基础和必要的,应该构建一个有机体。

(一)思想素质教育是根本

思想是行动的指南,失去了正确的思想和正确的灵魂,做人的许多必需和必备的品质就无从谈起。或者说,人与动物最重要的区别就是其思想和觉悟,正可谓“有德有才是正品,德才兼备是佳品”,德是最为重要的。要培养学生使其成为社会主义现代化建设的合格建设者和可靠接班人，必须坚定正确的政治方向，就这一点而言，我们除了加强对青年学生的思想引导，坚持办学的政治意识、政权意识、阵地意识的同时，还要严格认真地按照中央的要求开设好两课，强化对学生思想政治和道德的教育，强化对学生马列主义、毛泽东思想和中国特色社会主义的教育，培养学生具有良好的社会公道、家庭美德、个人品德和职业道德。当前，必须按照中央办公厅《关于培育和践行社会主义核心价值观的意见》的要求，坚持三个倡导，使广大学生成为社会主义核心价值的自觉和率先践行者。

（二）文化素质教育是基础

人的素质有时与人们读了多少书、学了多少文化直接相关，读书使人明理、修身，离开了一定的文化素质，人容易迷失方向，偏离轨道，正所谓“无知无识、胆大妄为”，正是出于这种意识，我们强调青年学生必须成为有文化的人。由于长期受“学好数理化，走遍天下都不怕”等思想影响，对于文化（人文）素质方面的教育有所淡忘，正因为这样，从20世纪80年代开始的理工类大学的文化素质教育受到了全社会的广泛认可和大学生的广泛欢迎，并收到了超乎想象的效果。对于高等职业院校而言，我们同样需要重视文化素质，必须补上中华优秀传统文化方面的课程和知识，为学生正确做人、正确做事，实现可持续发展打下良好基础。

（三）职业素质教育是主干

说职业素质重要，不仅是因为业务素质是生存谋生之道，更重要的原因还在于，高等职业教育的主要任务是培养职业化专业（技术）人才。因此，良好的职业素质，包括职业理想、职业意识、职业良心、职业荣誉、职业道德、职业纪律、职业技能等都是十分重要的。正是从这个意义上说，可谓学什么、钻什么、成什么。为了强化职业素质，我们必须遵循和尊重职业教育的规律，教师要善于寓教于做之中，学生要善于寓学于做之中，真正形成教、学、做统一。而在办学体制和机制上，则必须坚持做到开门办学、产教融合、校企合作，并在师资队伍中善于引进“双师型”教师建设师资团队，以提高职业素质的效果。

（四）身体身心素质是保证

任何素质都莫过于身体素质，正可谓“不光要有为人民服务的本领和思想，还要有为人民服务的身体”，过硬的身体素质和健康的身体，包括愉悦的身心和心理，不仅对人的成长关系重大，而且与更好地为社会做贡献，为企业谋发展关系密切。因此，加强身体锻炼，加强身心修养非常重要。开好体育课，实施好心理健康教育必不可少。有些学校倡导“每天锻炼一小时，健康工作五十年，幸福生活一辈子”；有些单位将“迈开双腿一万步，健康快乐任你行”作为口号和座右铭，是非常有意义的，关键是要让每一个青年学生把锻炼身体当成习惯。

四、构建素质教育体系机制保障

全面推进素质教育是我国教育事业的一场深刻变革。高等职业教育要深入推进素质教育，需要进一步完善素质教育的导向机制、保障机制和评价机制，构建富有高职教育特色的素质教育体系。

（一）导向机制

1. 政策导向

将加强素质教育作为一种重要的办学思想和办学要求纳入高职

学校的政策文件之中，并坚持在全校范围内进行广泛而持久的学习，领会文件精神和贯彻落实文件要求的相关活动。通过政策导向加强广大师生对素质教育重要性的深刻认识。

2. 宣传导向

加强文化建设，把素质教育植于校园文化之中，是高职院校素质教育体系的重要一环。浙江金融职业学院从人才培养的高素质技能型金融人才的职业属性和职业品格出发，兼容大学精神的理想色彩，以金融文化引导人，强化职业意识；以诚信文化塑造人，养成职业品德；以校友文化激励人，升华职业精神，形成了"三维文化"育人体系。

3. 示范导向

树立优秀教师典型、优秀学生典型，在广大师生中宣传优秀教师先进事迹和优秀学生先进事迹，以典型示范的作用引领尚德、精业、爱生的优良教风和诚信、明理、笃行的优良学风，激发广大师生提高素质、完善自我、乐于奉献的主体意识。

通过多方位的素质教育导向，促使广大师生形成科学的、统一的素质教育理念。一是"双重"观念，既重技能也重素质。把握好两者在人才培养方案中的地位和作用，处理好两者之间的相互关系，在转变"轻人文"的过程中防止矫枉过正，避免出现对技能重视不够的情况。二是爱生观念。爱是授之以渔的爱，是让学生经风雨见彩虹的爱，是引领学生走向成功人生的爱。

（二）保障机制

1. 制度保障

制定相应的素质教育工作制度、组织制度、奖惩制度等，将素质教育制度化，这样素质教育在学校教育中的地位和作用就不会因校领导的改变而改变。健全完善的素质教育制度，有助于建设一支高素质的教师队伍，有组织、有领导，有核心凝聚力，有团队协作精神。将素质教育真正落到实处，就不再只是一种理想。

2. 载体保障

搭建素质教育平台，能够使素质教育的课程设置、教学组织和管理等素质教育目标和任务的落实有所依托。学院以分段和分类培养为特色，创建了明理学院、淑女学院和银领学院 3 个素质教育平台。明理学院着重于学生人文素质和人文精神的培养，面向全校一年级学生开展明法理、明德理、明事理、明学理、明情理教育，教育学生学会做人、学会做事、学会学习、学会关心；淑女学院着重于女生才艺特长和淑女气质的培养，培养科学知识求真、道德修养扬善、艺术才情唯美的现代优秀职业淑女；银领学院着重于学生职业素质和核心职业能力的培养，通过学校和金融企业共同实施订单教育，为基层一线培养高素质技能型专门人才。三个多元开放的办学平台，为学校素质教育和人才培养积淀了雄厚的实力基础，在促进学生人人成才方面发挥了重要作用。

（三）评价机制

1. 对教师教的评价

可以划分为 3 个层次：较好完成基本教学任务；在教学中能够融入思想、道德、企业文化、社会心理等素质教育的内容，增强教育的渗透性；自主关爱学生进步，关心学生就业，关注学生困难，“桃李不言，下自成蹊”。将“三关”作为学校“生评教”工作的一项指标，必将有助于促进和谐师生关系的生成。

2. 对学生学的评价

一方面全方位评价。在侧重知识、技能的传统评价的基础上，开展对学生的思想、行为、知识、能力的全面评价。另一方面交错评价。对学生的评价从纵向、横向两个角度进行。不仅要进行横向评价，也要进行纵向评价。横向评价是基于人才培养规格来进行的，是学校教育的必然要求；纵向评价是基于学生自身的成长进步指数来进行的，这是增设的评价项目，其意义在于激发学生向上的动力，增强学生的自信心，明确发展的方向。

五、探索行之有效的素质教育办法

作为国家首批示范性高等职业院校之一，学院在实施素质教育方面进行了持续的探索，逐步构建起以学生“千日成长工程”为指导，通过“三个课堂”拓宽素质教育的路径维度，通过“三个学院”规划素质教育的结构维度，通过“三维文化”延展素质教育的空间维度，探索行之有效的素质教育办法，取得良好的育人成效。

（一）以学生“千日成长工程”为指导

学院提出学生“千日成长工程”，实际上是一个全程育人的形象比喻，把高职学生从入学到毕业三年大约 1000 天的时间，设计成一个包含课堂学习、课外活动和顶岗实习的育人工程：一年级“金院学子”，突出学业规划，强调懂做人；二年级“系部学友”，突出职业方向，强调精专业；三年级“行业学徒”，注重实践能力，强调会做事。在一定意义上，“千日成长工程”启发广大学子行为自觉和健康成长，是一个体现全程育人、全面育人、全员育人和全体教师面向全体学生的立体化育人体系。

（二）“三个课堂”拓宽素质教育的路径维度

第一课堂重教学质量，探索素质教育与专业教育相融合的教学路径。第二课堂重丰富多样，搭建学生展示自我、提升自我的活动舞台。第三课堂重贴近实际，策划拓宽眼界、知行合一、关爱他人、奉献社会的实践主题。

（三）“三个学院”规划素质教育的结构维度

学院立足于“职业人”和“社会人”的培养，创建了明理学院、银领学院和淑女学院，确立了学生素质培养的阶段性目标。明理学院着重于学生人文素质和人文精神的培养；银领学院着重于学生职业素质和核心职业能力的培养；淑女学院着重于女生才艺特长和淑女气质的培养。

（四）“三维文化”延展素质教育的空间维度

学院从人才培养的高品质技能型金融人才的职业属性和职业品格出发，兼容大学精神的理想色彩，以诚信文化、金融文化和校友文化为核心，加强校园文化建设，构建金院学子的金融文化主干，构筑学校育人的诚信文化之魂，传承自强、感恩的校友文化精神，形成了学院“三维文化”育人体系。以金融文化引导人，强化职业意识；以诚信文化塑造人，养成职业品德；以校友文化激励人，升华职业精神。

（五）素质教育取得良好的育人成效

素质教育孕育和焕发了“勤奋、严谨、求实、创新”的校园精神，形成了金院学子文明进取、团结友善、博学慎思的良好风貌，锻造了金院学子品德优良、技能过硬、潜能内蓄的人才特质，学生做到了职业素质高，用人单位评价高；综合素质优，发展后劲足；自我肯定多，感恩母校多，取得了良好的育人成效。

第五节　推进教育教学创新

随着现代信息技术的不断发展，教育教学领域的新形式、新载体不断出现，尤其是MOOC(Massive Open Online Course，大规模开放在线课程)、微课、翻转课堂等概念的引入和兴起，人们对传统意义上的课堂教学的重要性有了不同的认识。有人认为，MOOC等形式的广泛推广，即大规模开放在线课程的兴起，一定会冲击传统教育教学和学习模式，冲击传统课堂教学，冲击教师教育工作的重要性，从而给各级各类学校的教学工作产生不同程度的冲击。无论从理论还是实践上看，对于MOOC等的产生和形成，必须认真研究、积极应对、正确使用，并努力推广和实践，为拓展教育教学资源、增加教育教学内容服务，以切实提高教学有效性。然而，课堂教学作为一种常规，仍然是教学的基础环节，我们必须把它作为提高人才培养质量的重要抓手，不断加强其工作。

一、信息技术在教学领域的应用

(一)大规模开放在线课程(MOOC)

此类课程在网上提供免费内容，给更多学生提供了系统学习的可能性，由于其工具资源多元化、课程易于使用、课程受众面广、课程具有参与自主性等特点，受到了广泛的欢迎。但从目前情况看，其课程的门类发展不快，也很难在职业教育教学领域对专业教育与训练产生较大的冲击，或者说主要影响在理念层面而非现实层面。

(二)微课

微课是指按照新课程标准及教学实践要求,以视频为主要载体,记录教师在课堂内外教育教学过程中围绕某个知识点(重点、难点、疑点)或教学环节而开展的精彩教与学活动全过程。微课的核心内容是视频,具有教学时间较短、教学内容较少、资源容量较小、资源使用方便、资源主题突出等特点,成果简化,便于传播,针对性强,因而作为教育教学插播和课堂教学中的案例引入等。也就是说,作为课堂和课程教学的重要补充,是非常有意义的,但要代替课程和课堂教学,则还相当艰难或者说不太可能。

(三)翻转课堂

翻转课堂是指重新调整课堂内外的时间,将学习的决定权从教师转向学生,在这种教学模式下,在课堂的宝贵时间内,学生能够更专注于主动的基于项目的学习,共同研究解决更大的现实问题。应该说,这种模式下,它不再是传统的课堂(老师教,学生听,布置作业),而是学生自主学习、提出问题,课堂上学生提出问题,师生共同讨论和解决问题。应当认为,这是一种教育教学的理想模式,但是似乎更适合于研究性学习。由于高等职业教育主要体现实践性,部分教学内容、部分教学课程可以进行这样的改革,但它仍然离不开教师在课堂的教育教学和训练指导。

二、课堂教学功效

在现代教育机构中,尽管信息化正在影响乃至改变我们的生活和工作,但作为人才培养工作的基础性环节,课堂仍起着主渠道作用,仍然是一个综合性教育教学场所和平台,具有教书、育人、实践立体化功效,具有社会化概念。

(一)课堂是教师与学生的互动交流平台

教师和学生是学校的两个重要主体,在传统的教育教学中,教师教、学生学,构成了一个有机体;在现代信息社会,教师教、学生学的同时,教学相长、师生互动、学生存疑、教师解答乃至师生共同研讨成为新的风景。尽管教师与学生还可以在社会实践或其他课余时间进行交流和互动,在实践中共同研讨和解决问题,但是,课堂则是相对固定的场所和平台,是一个教师与若干学生(一般是一个班级)的整体性互动,因而具有学校教学的典型意义,也是构成学校活动的重要因素,是建立和构成师生间特定社会关系的重要渠道。

(二)课堂是课程建设和课本学习的特定综合体

课堂的另一种功效是教师和学生在特定的时间和空间,完成课程和课本学习的平台。人们常说,高等职业教育强调的是专业,而专业则主要由若干课程组合而成,不同的课程组合,形成了不同的专业或专业方向,培养了不同知识和能力的人才。可见,课程是学校的重要产品,也是专业学习的重要基础。课程的学习有多种路径,而课堂是主要渠道,教师和学生借助课本(讲义),通过师生互动,完成理论和实践课程的学习,必须通过课堂,而课堂又具有集约性、稳定性、高效性的特点(1—2 个教师同时承担 50—100 个学生的教育与学习问题),因而具有重要意义。

(三)课堂是解决理论与实践、知识与实训等问题的复合体

在课堂教学中,不仅有教师对理论的分析,也有实践的解析,既有知识的传授,也有技能的训练,所不同的是,教师可能是同一人,也可以是不同人,专兼结合、双师组合、机制融合的教育教学团队会发挥更大的功效,从而创新课堂教学、提高教育教学成效和质量。在这样的课堂

上，学生学到了知识，掌握了技能，了解了实践，拥有了走向职场、走向社会的真本事。

(四)课堂是学校联系社会、走向社会的重要载体

课堂有广义和狭义之分，狭义的课堂即学校课程教学与训练的场所，具有核心和基础作用；广义的课堂包括校内社团活动、学生组织活动、综合性实训等第一课堂，还包括走向社会，面向职场的社会实践、企业顶岗实习等第二课堂。现代意义上的课堂是一、二、三课堂的有机统一，在课堂教学由浅入深、由点到面、由基础到综合、由理论到实践、由知识到实训、由学校到人生、由人生到社会，形成综合性、复合性学习链、认知链和学生成长发展链。通过这个链，使学生在大致规定的学制内，通过系列课程的学习和训练，通过知识的获取和能力的培养，逐步从普通高中生成长为合格的职业人，具有综合功效。

三、推进课堂教学创新，促进高职人才培养质量全面提高

(一)适应内涵发展要求，从关注宏观到关注微观，尤其突出课堂

高等职业教育正走上内涵发展的道路，在这种情况下，虽然仍要关心办学模式的改革与创新，关心校企合作长效机制的建设，关注工学结合的有效开展，解决办学方向和办学模式问题。但是停留在这里是远远不够的，在新的知识条件下，已经逐步从宏观走向微观，或者说在重视宏观的同时关心研究微观，而微观最为重要的表现形式就是课程和课堂。重视课堂，就是重视教师在一线的工作，重视一线教师；重视课堂，就是重视课程开发和课程建设；重视课堂，就是自觉地把学校工作的重心和教师的注意力引导到人才培养和教书育人方面来，以切实转变高等职业院校的职能和方向，提升办学内涵建设水平。

（二）切实把学校工作重点放在课堂上，以此调动教师、学生和管理部门的热情

课堂是一个综合体，它是学生学习的主要场所，也是教师施展才华的舞台，也应是教育教学管理工作者关注的重点。

1. 通过课堂引导学生学得好

学生的学习有多种途径和多种方式，尤其是在信息化背景下，线上线下、课内课外、校内校外、学校社会都是途径。但实践证明，作为有计划、系统性的专业知识学习和训练，学校和课堂是最基本的也是最为系统的。重视了课堂，就重视了学生的注意力、引导了学生的注意力，与此同时，对规范学生的行为，增强执行纪律的自觉性，培养学生的集体主义精神和团队合作精神，无疑是十分重要的。

2. 通过课堂促进教师教得好

教师被誉为人类灵魂工程师，其基本职责是教书育人，集中于课堂、专注于课堂，提高课堂驾驭能力，增强课堂表演才能，既是教师知识水平的体现，是教师教育教学艺术的体现，也反映着教师的事业心、责任感和能力水平。一句话，教师挥洒才华尽在其中。正因为这样，引导教师把重心放在课堂，教师关心课堂、重视课堂、研究课堂、专注课堂，才会从思想、行为、心灵、礼仪等各方面重视教学、研究教学，不断提高课堂教学效果，从而促进人才培养质量的提高。

3. 通过课堂推进教育教学管理规范化

教育教学管理规范化是一项系统工程，既有宏观设计也有微观落点，这个落点就是课堂。教学管理人员，尤其是教学督导人员把重心投向课堂，共同去探索和建立良好的教风、学风和校风不仅十分重要，而且作用明显。课堂的出勤率、准点率，师生的精神状态，课堂上的师生互动，必定是学校校风和管理水平乃至办学水平的综合体现。

（三）以创建好课堂为抓手，努力促进教育教学创新

推进高职教育从规模发展向内涵建设迈进，必须重视微观，重视教学、重视人才培养、重视课堂也是其题中之意。重视课堂是一个综合性系统化工程，需要抓手。以浙江金融职业学院为例，近年来以创建“金院好课堂”为抓手，起到了鲜明的作用。“金院好课堂”是一个理念，它包括如下要素：一是营造全校重视课堂教学和课程建设的良好氛围；二是引导教师把施展才华、发挥才智的主要舞台转向课堂，以课堂成效作为考核教师的主要方向；三是引导学生把思维和学习兴奋点投向课堂，争当课堂建设和改革创新的主体，在课堂学习中发挥主观能动性；四是重视课堂（教室）信息化条件和人文环境建设，创造一个良好的学习环境；五是经常进行“金院好课堂”教师比赛和达标活动，通过评比和奖励活动，促进课堂教学“赶帮超”氛围的形成；六是重视对教师课堂教育教学技能的培训、培养，促进教师，其是青年教师在课堂教学提升中实现全面成长和发展。

课堂教学创新是一项系统工程，好课堂建设应该是一个重要抓手。必须立足教师、引导学生、营造全局，以此带动高职教育整体教学和人才培养方式创新，探索形成具有中国特色、世界水平的高职教育之路。

第二章

做实科研

美国著名教育改革家弗莱克斯纳认为，现代大学应在最高层次上致力于增进知识、研究问题（不管它们源自何方）和训练学生。① 科研实力和科研水平历来是高等学校办学实力和办学水平的重要标志之一。“科学研究一般是指利用科研手段和装备，为认识客观事物的内在本质和运动规律而进行的调查研究、实验、试制等一系列的活动。”②科学研究是高职教育的重要职能之一，高职院校科研工作的实质是为促进人才培养、社会服务及文化传承在更高水平、更高层次上的实现，为人才培养、社会服务和文化传承提供智力支撑。

浙江金融职业学院（以下简称学院）科学认识科研在内涵建设中的重要功能，坚持科研既是高职院校内涵式发展的重要体现，又是实现高职院校可持续发展的重要保障的工作指导思想，充分调动广大教育工作者开展教育教学研究和应用型科研的积极性和主动性，紧紧抓

---

① ［美］亚伯拉罕·弗莱克斯纳：《现代大学论——美英德大学研究》，徐辉、陈晓菲译，浙江教育出版社2001年版。

② 转引自孙毅颖：《对高职院校科研问题争论引发的思考》，《中国高教研究》2012年第12期。

住国家加快发展职业教育和浙江省推进金融产业大繁荣的有利时机，创新科研工作理念与发展思路，贴近教育教学实践、贴近经济金融前沿、贴近行业企业需求，以应用型科研平台的培育与拓展为抓手，形成应用型研究为主体，高职教育发展研究和地方金融发展研究为重点的“一体两翼”研究格局，形成系列研究成果，进一步确立学院在高职教育研究和地方金融研究方面的优势地位。通过做实科研谋发展、促发展，不断提升人才培养质量和服务区域经济社会发展能力，为建设更高品质的幸福金院打下坚实的基础。

第一节　高职院校科研工作概述

一、基于高职教育特征的高职院校科研工作定位

高职院校科研工作定位由高职教育特征决定，要科学定位高职院校科研工作，需先准确把握高职教育的整体特征。经过近 30 年的发展，我国高职教育的发展呈现出以下三方面的重要特征。

（一）高教性与职教性的统一

作为一种教育层次，高职院校以培养生产、建设、管理、服务一线高技能人才为目标，同时为区域产业和经济社会发展服务。2014 年，国务院《关于加快发展现代职业教育的决定》（国发〔2014〕19 号）指出，发挥高等职业教育在优化高等教育结构中的重要作用。文件强调要发挥高职院校在职业教育科学发展和建设现代职业教育体系中的引领作用，要加强职业教育与高等教育间的沟通，成为架设在不同教育类型间学生多样化选择、多路径成才的“立交桥”，培养服务区域经济社会发展的高素质劳动者和技术技能人才。

(二)教育链与产业链的统一

作为一种教育类型,高职教育人才培养定位要求高职院校更加重视教育与产业的深度融合,打破了传统学校的封闭,跨越了企业与学校、工作与学习的界域,开展产学合作、工学结合等教育教学改革,产教融合、校企合作充分体现了这种职业教育跨界的本质和特点。这就要求高职院校必须打破在学校里办教育的思维定式,形成系统集成,采取跨界行动,坚持校企合作、工学结合,强化教学、学习、实训相结合的教育教学活动,推动专业设置与产业需求对接,课程内容与职业标准对接,教学过程与生产过程对接,毕业证书与职业资格证书对接,推进校企一体化育人。

(三)服务需求与就业导向的统一

作为培养高素质劳动者和技术技能人才的教育,高职院校要适应技术进步和生产方式变革,以及社会公共服务的需要,坚持以服务发展为宗旨,以促进就业为导向,服务区域发展,提高青年就业能力。德国著名职业教育专家劳耐尔提出:“现代职业教育应采取并行教育路径的现代化教育结构的实现,建立在职业教育与学术教育——等值而非同类的主导思想的基础上。”因此,这就要求高职院校要密切产学研合作,重点围绕服务企业,特别是中小微企业的技术研发和产品升级,构建教师立体化培养机制,从而使高职院校教师能够胜任服务发展需求和促进青年就业的光荣使命。

二、高职院校科研工作的现状与问题

(一)现状

1. 科学定位,科研工作目标方向明确

经过 30 多年的发展,我国高职院校办学目标和方向进一步清晰。

与此同时，高职科研也已经跳出过去的模糊定位。2009 年 11 月 16 日、23 日，由《中国青年报》刊发的两篇文章引起了一场职教界内外关于高职院校能否搞科研的争论。2011 年 6 月 27 日，首届全国职业教育科研工作会议召开，发出了加强职业教育科研工作的动员令，争论尘埃落定。客观上，高职院校提出要重视与加强科研问题也是自身发展的必然诉求，因为科研实力和水平是高职院校实现办学水平、层次提升的坚实基础。各院校在认清现实与自我的基础上，从自身专业能力和技术能力实际出发，在开展高职教育教学研究的同时，侧重于开展对小项目、专业特色项目、应用型项目等方面的研究，在促进学校办学发展的同时，为行业企业的发展和本区域政府的决策提供力所能及的智力支持，推动促进区域经济社会发展的社会服务的开展。高职院校应真正从高职教育发展特点和基本规律出发，确定科研目标和方向定位，这样的科研发展才会有生命力，才能得到学生和社会的认同，并实现可持续发展。

2. 院校重视，教师科研意识明显提升

在经历了规模扩张的发展时期后，高职教育逐步进入内涵深化阶段。各高职院校普遍重视科研工作，在做出关乎学校发展决策时，在人、财、物等方面均给予科研工作一定的倾斜支持。根据对高职院校人才培养平台数据的研究表明，各高职院校科研经费普遍逐年增长，部分高职院校科研经费更是翻倍增长，如建设一批协同创新中心、哲学社会科学重点研究基地、重点实验室和大师（技能）工作室，购置必要的研究设备和材料，保证师生教学需要的同时，努力打造研究平台，形成了一定的研究成果；各二级学院（系、部）对引进带科研项目的高层次人才绿灯放行，并提供专门的研究启动经费给予支持；在激励产出科研成果方面加大奖励力度，激发师生开展科学研究工作的兴趣和热情，这些方面的重视和良好的政策环境均极大地调动了师生，特别是教师开展科研的积极性，教师科研意识明显提升。

3. 创造条件，夯实院校科研基础能力

随着高职校企合作、产教融合办学模式的不断推进和深化，特别是在国家和各省（自治区、直辖市）实施高职示范院校和骨干院校建设进程中，高职院校抓住机遇，在狠抓教育教学改革和实习、实训基地建设的过程中，努力创造条件，为师生建立起开展产学研教融于一体的校内外各种实习、实训、科研基地。高职院校师生越来越多地参与企业技术研发、产品升级改造，积极投身教育教学研究和企业产品开发与技术革新，在做中学，学中做，科研能力得到提高，科研水平不断提升，也从根本上改变了企业行业对高职研究实力的偏见。随着国家和高职教育示范实训基地的建立，一批可提供开展科研工作的先进仪器设备、场所应运而生，围绕培养高素质技术技能人才的目标，高职院校的科研工作同专业建设、师资队伍建设、服务行业企业的需求紧密结合起来，坚持有所为，有所不为原则，根据学校的特点和传统，有重点、有针对性地开展科研基础能力提升，在做实科研平台的基础上，力争形成自身独特的比较优势。

（二）问题

在认识高职院校科研工作整体现状的同时，我们要敢于直面和认真反思院校在科研工作中存在的不足与问题，主要表现在以下五方面：一是从总体看，院校科研氛围逐步形成，教师科研意识在提高，但开展科研的动力尚显不足；二是教师个体科研能力在逐步提高，但有些研究机构名不符实，科研团队建设还有待加强；三是初步培育了各自院校的研究领域，但专业学科特色和研究优势还不够明显，有些院校追求“大而全”“小而全”，没有做实做专做精科研，高层次、高质量、高水平的标志性成果较少；四是校企合作的横向课题和科研项目较少，科研服务产业、行业、企业能力及成果应用转化有待增强；五是科研管理工作的科学化水平尚待提高，激励与约束并重的科研运行长效机制尚需进一步完善。这些不足与问题都在不同程度上制约着高职院校科研工作的有效开展，亟待深入研究并切实加以改进解决。

三、高职院校科研工作的任务与原则

（一）任务

如前所述，科学研究是高职教育的重要职能之一，其功能发挥是为促进人才培养、社会服务及文化传承在更高水平、更高层次上的实现，这一基本功能为高职院校科研实现多样化的任务提供了理论和实践依据。

1. 为人才培养提供研究支撑

教学与科研是高校两个不可分割的系统，二者直接为人才培养、经济建设和社会发展服务。对于高职院校而言，这种不可分离性体现得更加明显。科研是源，教学是流，科研是产生知识的源泉，教学是传播知识的过程。只有做研究才能激活知识，从而在教学内容上吸引人，而不仅仅是在教学形式上吸引人。科研的过程是发现和解决问题的过程，而教学中出现的问题为科学研究提供了重要的研究资源，相应地，科研的结果便形成和丰富了教学的内涵。从这个意义上讲，教学和科研不是矛盾的，是相互促进，相得益彰的。美国教育家博耶反对重科研轻教学，力主“凡是有大学生要教育培养的地方，都必须把高质量的教学工作作为基本的要求”。[①] 因此，确定了专业建设在人才培养中的

---

① [美]欧内斯特·博耶：《美国大学教育》，复旦大学出版社 1988 年版，第 143 页。

龙头地位，从高职教育的现实需求入手，开展教育科学研究创新，为人才培养提供研究支撑。构建基于高职教育现实需求的教学研究体系，在进行高等职业技术人才的培养标准、专业人才培养中存在的问题、以市场为导向的新专业和新课程的开发、校企联合开发实习基地及实训教材等常态研究的同时，重点开发具有校本意义和地域特征的教研项目，并结合本校的专业优势和课程特色，针对高职院校的教师特点、生源结构和教学运行规律，开展以可持续发展为基点的教育科学研究，并将研究成果用于教学实践。

2. 为区域经济社会发展创造智力成果

高职院校的办学定位基于服务区域，特别是当地经济社会发展。一方面，高职院校通过培养高素质技术技能人才推动区域经济社会发展，这体现在教师探索高职教育规律、提高教育教学效能的研究过程中，这种研究旨在深化教师对高职教育的认识，并通过反馈和指导教学提高人才培养质量；另一方面，高职院校通过产学研合作主动服务产业转型升级。与企业、科研院所合作，通过技术研发、咨询和服务提升区域产业能力，为区域经济社会发展建言献策，通过开展应用性研究，更好地为政府的决策奠定理论基础和借助研究成果为服务政府科学决策和科学规划提供智力支持，并在研究中形成其独特的比较优势，从而在与研究型大学和科研院所错位竞争中产生科研的社会效益和经济效益。

3. 为中华优秀传统文化和职业文化传承搭建平台

文化是人类特有的现象和符号系统。作为意识形态的一种重要体现，文化借助意识和语言而存在。马克思、恩格斯在《德意志意识形态》中运用唯物主义的观点，提出文化起源于人类物质生产活动的思想。此后，1876 年，恩格斯在《劳动从猿刀刃转变过程中的作用》中指出，文化就是人化，人的对象化或对象的人化，起源于人类劳动。我国人民教育家陶行知曾言:“文化是人类创造出来的,固然是非常的宝贵,但它也不过是一种工具而已,不能当作我们教育的中心。人为什么要用文化?是要满足我们人生的欲望,满足我们生活的需要。”[①]在这个基础上,他指出:“文化要以参加做基础,有了参加的最低限度的基础,才能了解,才能加上去。”[②]学校的文化传承功能集中表现在学校育人功能的实现过程中——学生个人在这个过程中成长发展。美国教育家克拉克·克尔认为,学校本身是文化和价值观的多样性的一个实际例子,并能作为学生考虑这些问题的模式。考虑不同的人和文化在不同的情况下如何对共同的问题做出反应,应该引导学生理解和懂得多样性。[③] 也是克拉克·克尔在另一本书中特别强调英国教育家帕蒂森所言之塑造“人”的过程。[④] 高职院校通过哲学社会科学研究,将人类宽广视野中的文化融汇到校园之中,在深刻把握校园文化以及各种亚文化的基础上,进一步确立文化校园建设的价值取向及实现路径,为中华优秀传统文化和现代社会职业文化传承搭建起连绵不断的载体与平台。

(二)原则

1. 应用性原则

科研根据研究工作的目的、任务和方法不同,通常划分为基础研究、应用研究与开发研究三种类型。应用研究是把基础研究发现的新的理论应用于特定的目标的研究,它是基础研究的继续,目的在于为基础研究的成果开辟具体的应用途径,使之转化为实用技术;开发研

---

① 中央教育科学研究所编:《陶行知教育文选》,教育科学出版社 1981 年版,第 113 页。

② 同上,第 114 页。

③ [美]克拉克·克尔:《高等教育不能回避历史:21 世纪的问题》,王承绪译,浙江教育出版社 2001 年版,第 41 页。

④ [美]克拉克·克尔:《大学之用》,高铦、高戈、汐汐译,北京大学出版社 2008 年版,第 109 页。

究又称为发展研究，是把基础研究、应用研究应用于生产实践的研究，是科学转化为生产力的中心环节。根据高职院校的性质和实力，科研重点应放在应用研究和开发研究上。对于高职院校而言，前者主要包括教育教学改革研究和应用技术咨询与服务等；后者主要包括课程、培训包等教学资源的开发和应用技术的开发、成果的推广和转化等。同时，高职院校教育教学改革研究和应用技术开发、咨询与服务等科研注重解决教育教学和生产服务中的具体实际问题，并根据其创新性和应用效益等进行评价。通常来说，高职院校不主张开展纯理论的基础研究，不苛求理论体系的完整性。一言以蔽之，高职院校的科研工作必须以“教育教学改革研究和与生产第一线紧密结合的应用研究”为主，应用研究要“落地”和“接地气”，这样的研究才可能达到反馈教学、反哺教学、提高人才培养质量的功效。

2. 教育性原则

1809 年，德国教育家威廉・洪堡首次提出教学和科研的统一性原则，主张在一种批判性、创造性的复杂思维活动中将教学和科研形成一种连续发展的统一体。[①] 后来，同样是德国的教育家赫尔巴特在 19 世纪提出了“教学的教育性原则”，因为在他看来，“远非一切教学都是教育性的”。为此，赫尔巴特倡导“教育性教学”，这是一种能够使人“高尚而不是变坏”的教学。[②] 20 世纪 90 年代后，美国教育家博耶将“学术研究”扩展到教学领域，将“教学的学术研究”纳入“学术研究”的范畴。[③] 这些思想值得我们重视。基于以上教育思想，我们确立高职院校“科学研究的教育性原则”，以此作为规范高职院校科学研究活动的

---

① 赫尔曼・勒尔斯：《经典的大学理念：洪堡构想的大学观念的起源及其意义》，《外国高等教育资料》1990 年第 3 期。

② [德]赫尔巴特：《赫尔巴特文集 3》，浙江教育出版社 2002 年版，第 214—215 页。

③ 国家教育发展研究中心编：《发达国家教育改革的动向和趋势》，人民教育出版社 1994 年版，第 20—31 页。

基本价值取向和行为准则。高职院校科学研究的教育性原则,意指高校中的科研活动都应有利于教育目标,尤其是德育目标的实现。它所规范的主要是教师的科学研究行为,所调节的主要是科研活动中的师生关系。高职院校大多是由原来的成人高校转制和中职学校升格而来,原来的成人高校和中职学校教师主要精力放在教学上,就研究而言也主要从事一些教学研究,因此,对高职院校而言,要充分发挥这个传统优势,进一步整合教学和科研资源,科研团队与教学团队应尽可能二合一,以更好地实现其教育目标。

3. 开放性原则

开放性是在应用性和教育性的基础上派生出来的一个重要原则。开放性产学合作人才培养是高职院校的特点和优势。从高职院校的开放合作的办学定位和办学体制出发,高职院校无论从生存还是发展的角度,都应把重点放在教育教学研究中基于实践的校本研究以及基于生产一线实际的应用技术开发服务上。开放性强调校企合作开展科研协同创新,这就要求高职院校协调和整合资源,搭建多方共建的科研合作平台,面向地方行业、产业,面向小微企业,尤其是面向生产一线开展技术服务和科研项目。院校充分发挥的专业特色和优势,密切与地方政府、企业的联系,共建科技合作平台,教师在具备一定的学科与专业知识的基础上,通过对行业企业一线操作人员、管理人员等人力资源需求的认知和对行业前沿信息的把握,利用与企业的密切联系开展合作研究,定位于技术开发、咨询与服务,面向地方、行业、产业,从生产一线的实际中找项目、找课题,开展技术服务。在推动企业科研创新发展的同时促进学校科研能力的提升,增强学校服务地方经济社会发展的影响力。

4. 渐进性原则

我国大多数高职院校是从中职升格、成人高校,以及专科院校转制而来，虽然属于高等教育的一种类型，但高职院校普遍办学起点低，底子薄，基础能力不足，历史积累较少，缺乏学科和团队支撑，高职教师的主体主要由原成人高校、中专学校教师及刚毕业的本科生、硕士生构成，教师发展、专业发展两大科研基础要素相对于科研实际需要，总体上还很弱。高职教育突出操作性实践教学，理论知识要求不高，刚毕业走上教学岗位的应届毕业生，尽管具有一定的学科专业知识，但缺乏运用知识解决问题的能力，如不从事研究，他们的学科知识会随着时间的推移而逐渐降低，创新能力式微，而科学研究是建立在知识提前累积的基础上的，需要长时间的积累才可能形成创新成果，不可一蹴而就。这就决定了职业院校开展科研活动必须遵循渐进性原则。高职院校的科研要从实际出发，坚持务实量力的原则，立足实际，挖掘学校已有的条件资源、人才资源，寻找科研的创新点和突破点，夯实基础，一步一个脚印，实实在在地做，通过持之以恒的努力，形成自己的科研方向和优势，逐步推进科研水平提升和发展。

第二节　应用型科研平台的培育

一、应用型科研平台及其主要类型

随着我国经济转型升级的加快，服务业成为区域经济社会发展的主要支柱，“互联网＋”成为知识社会创新发展的新形态、新业态，尤其是去年以来，中共中央、国务院再次对加快发展现代职业教育做出一系列重大部署，明确了职业教育改革创新的方向，这些都为培育科研工作新的增长点提供了新机遇，同时也对科研工作平台培育提出了更高的要求。

(一)应用型科研平台

科研平台是指科学研究活动中各种支撑条件的综合配置和运用,是包括人才、信息、项目、经费,以及制度、环境等载体在内的有形、无形资源的总和。科研平台是提高高职院校自主创新能力,提升专业发展能力,培养高素质技能人才的新载体。这个平台对人才培养模式具有深刻的影响。应用研究"旨在增加科学、技术知识的创造性的系统活动,但它考虑到某一特定的实际目标"①。以平台为依托,整合教学和科研资源,凝聚团队力量,组成年龄、职称、专业等优势互补的科研梯队。通过开展高质量的科学研究,培养高素质的学术带头人和中青年学术骨干,形成科研的可持续性。通过研究成果的传授,把握学科与专业前沿,充实教学内容,提高教育教学质量。

高职教育面向生产、建设、服务、管理一线培养技术技能人才,这就决定高职教师要研究一线的实际问题,适当的研究平台可以起到重要的支撑作用。应用型科研平台是专业建设与学科建设的基础。科学史的发展一再表明,人群密集度越高的场所,人们的发现能力和创新能力越强,高校实现了人才集聚、知识融汇和学术交流的功能,通过这种功能的发挥,知识和技能得以增进,专业和学科得以发展。科学研究从个体化的"小科学"向社会化的"大科学"、从纯粹科学向应用科学的转变,尤其是当前对科研活动粗暴的计量化管理,使科学研究内在的教育价值具有了条件性。② 经济类应用技术研究是为了提高企业的经济效益、满足市场需求、社会需要或客户需要,设计、开发、改进应用性经济、管理、文化、信息、艺术、服务产品、服务项目、服务内容时所采用的

① 杨安仙:《联合国教科文组织关于科学技术活动的分类与定义》,《科学学与科学技术管理》1982 年第 5 期,第 516 页。

② 周川:《论高等学校科学研究的教育性原则》,《高等教育研究》2007 年第 3 期。

策略、方法、手段与行为方式的总称。通过应用型科研平台，研究人员实现了集聚和交流，形成机构开放、人员流动、内外联合、竞争创新的科研工作机制，这种机制无论对科研成果的产出，还是对科研管理的规范运行都产生了良好的效果，并开始发挥科研反哺教学和辐射社会服务的积极促进作用。

(二)应用型科研平台的主要类型

1. 校企合作的研究平台

在科研活动进程中建构产学研结合模式，取得科研工作与行业、市场终端的紧密性关联，形成高效和务实的科研成果转化链条。在科研路径设计上要加强校企结合和横向联系，与行业协会、企业、市场终端进行紧密性交流、开放与合作，实现优势互补、资源共享，从而提高科研成果的转化率和实现效益，进而产生应用性高、可操作性强的科研成果，加强科研的实用性和实效性。这种由校企合作共同发起建立研究平台，或由学校发起，企业合作参与建立研究平台。结合高职院校以专业群设置二级机构(系或二级学院)的特点，建立系院—所—中心合一的研究机构，实现专业群的社会服务与研究机构的社会服务两者之间较好的融合，既能较好地发挥专业研究优势，构建优势研究团队，又能充分利用专业建设与专业教学的校企合作平台，实现资源共享。研究机构不仅应该是校企合作的组织平台，而且更应该是校企合作的研究服务活动平台。研究机构要明确自身服务于政府、行业、企业、社会公众的宗旨，校企合作建立研究团队，确立以服务社会为主体的研究机构工作内容，建立论坛、专题研讨会、常规课题研究等方面运作的长效机制。

2. 横向课题研究平台

随着市场经济的发展和科研体制改革的深入，高职院校科研与市场经济结合将日益加强，争取横向课题和经费已是高职院校科研项目发展的切入点，尤其是在争取纵向科研项目和经费困难的前提下，这既是实现科研为社会服务的需要，更是高职院校科研自身存在和发展的需要。因此，高职院校科研管理部门在积极组织申报纵向科研项目的同时，要尽可能带动广大教师和科研人员发展各种形式的横向联系和合作研究。横向课题研究是高等院校科研直接服务于社会的重要形式。一般来说，课题研究，无论是纵向课题研究，还是横向课题研究，都会带来一定的社会效益或经济效益。但从科研服务社会角度来看，横向课题研究则更为直接，更具针对性。从高职院校教师及其团队的研究能力和水平来看，高职院校在生产经营和管理等一线的技术开发与服务上具有自身的优势。因此，高职院校的教师应积极面向自身专业领域，面向相关的行业、企业，及时掌握技术动态，主动争取并承担横向课题。

3. 常规性成果应用平台

在应用型科研成果转化过程中，高职院校由于受资金、设备、时间等多方面的制约，一般习惯于就科研成果本身取得实验室的小试成果，完成原理样机或原理设计，并在刊物上发表文章即告结束，而合作企业却要对中试开发阶段进行资金投入，一旦企业对成果的成熟性和效益比产生怀疑，科研成果就会被动中断转化进程。研究机构是常规性成果应用的重要平台，高职院校及其下设机构、专业等可以考虑创新地以该平台为基础，开展社会服务。这类成果应用平台有别于地方政府、行业、企业或企业群所举办的技术或产品交流活动。高职院校所举办的成果应用平台强调的是教师科研能力和学院科研支持条件与行业、企业的技术需求进行对接，与政府相关政策的技术支持需求进行对接，科研立项要到企业去找课题，有效的科技成果也要在教学实践中迅速推广应用。以校企合作为基础，以高职院校为主体的科研开发、成果应用和面向行业、企业的技术服务平台，是高职院校科研服务社会的一个窗口。

二、应用型科研平台功能分析

（一）集聚科研资源

科研平台集聚和整合资源，这些资源主要包括作为研究主体的教师、作为研究客体的项目和对研究的经费投入等。高职院校的科研是高职院校教师充分利用本校资源，或通过产学研合作，借助企业与研究院所的资源，主动服务产业、探索高职教育规律、提高教育教学效能，培养适应并推动经济社会发展的、高素质技术技能型人才的应用性研究活动。高职院校科研旨在借助研究过程与成果，深化教师对高职教育的认识，加大硬件资源支持体系建设，改变各自为政的体系，减少研究设施重复购置和有效利用不足的科研资源浪费问题，并通过反馈和指导教学提高人才培养质量，通过技术研发、咨询和服务提升区域产业能力。

（二）凝练科研方向

科研方向明确，不能总在“创新”和变动之中失去坚实的基础。学校新进的教师来自五湖四海，大部分拥有博士、硕士学位，成果虽然比较丰富，但研究方向比较分散，特色和优势难以形成。当然，科研是需要兴趣激发的，但能够将学术兴趣和社会需求有机地结合起来，这样，做科研成功的可能性会大大增加。这时，就应该采用“集中优势兵力打歼灭战”的思路来组织科研。科研业务水平集中体现在一个“新”字上，因此，在科研中突出强调创新意识的培养，强调人文社会科学对时代变化的反应能力、解释能力和形成对策能力，超越单一专业视野狭窄和系统性差的研究局限，在学校资源总量难以大幅度扩增的情况下，在相近的学科群和专业群开展跨学科、跨专业协同创新，通过各机构之间资源和能力的共享，进行研究、教学和社会服务的协作，加强各学科和专业间的交流，提高资源使用效率，进而涌现出论文、专著、科学普及成果、研究报告、专利、软件著作权等多方面的科研成果。

（三）培育科研团队

2006 年，教育部、科技部《关于进一步加强地方高等学校科技创新工作的若干意见》指出：科技创新既是高校提高人才培养质量的关键、自身发展的主要动力和源泉，也是提高教师队伍整体素质和学术水平的主要手段。高职院校内部的科研联动要摒弃研究上的小生产意识和小生产方式，散兵游勇式的单兵作战模式，打破系、专业的界限，以研究主题为单元，解决“谁来领头作为思想或研究主题的提出者，谁来作为研究项目框架的设计者，谁来执行完成具体课题的研究过程”这三个层次的问题，通过学科（学术）带头人培养计划，培养有一定学术水平、学术地位、学术影响乃至学术魅力的学科（学术）带头人，并以待遇吸引人，提供教师良好学术发展环境和发展空间，以形成利于科研可持续发展的人才梯队。

（四）提升科研能力

高职院校教师的构成决定高职教师需要有科研职责，教师要认识到不仅是为学校做科研，更重要的是为自己做科研。高职教育的高等性属性要求教师不能因为突出操作性实践教学，而降低自身理论知识的要求；不能因为培养技能型学生，而降低自身学科理论水平；不能因为强调专业教学，而忽视自身的学科知识结构。高职教师必须从整体上把握本学科知识体系，形成比较完备的学科知识结构，精通专业理论知识与技术知识，把握本学科与专业的发展趋势，及时吸取本学科与专业的最新知识，才能从整体上提高自己的专业素养，使自己始终站在本学科与专业的最前沿。在个人研究兴趣的基础上，以科研项目为抓手，结合学校发展和社会需求，出成果、出人才、写文章，做项目都可以形成成果链，有项目、有经费、有论文、有著作，进一步激发科研动力，使得科研活动得以持续开展。

（五）营造科研环境

科学研究是一项非常崇高而神圣的事业，在保障师生开展科研的硬件支持的同时，高职院校还注意到软环境的建设，制定了一系列激励措施，要给教师一个相对稳定的研究周期和平和的研究环境，鼓励其积极开展科研活动，为新的增长点提供宽松的研究氛围。一方面，教师要充分利用学术交流、学术论坛（研讨会）、讲座、沙龙等形式，开展正常的学术争鸣和学术批评，浓厚科研氛围；另一方面，引导教师养成良好的学术道德，摒弃浮躁、功利的学风，抵制各种“短、平、快”的项目和论文数量虚假繁荣的诱惑，在遵循学术规范的前提下，防范和处理学术不端行为。

三、浙江金融职业学院应用型科研平台的培育

浙江金融职业学院前身是一所中国人民银行主管的行属院校——浙江银行学校，学校具有很强的行业特征。在确定学校的科研定位时，行业特色决定了学校的学科特色，决定了学校人才培养的特色。升格办高职教育以后，高职院校的目标定位又决定了高职院校的科研具有其独特内涵。依据高职院校人才培养的特点，应用型科研平台的培育要着重围绕教育教学研究和应用技术开发、咨询与服务两方面进行。应用型研究主要包括应用技术的开发、科技成果的推广和转化、生产技术的服务、科学技术的咨询等。学院科学研究面向两个领域实施重点突破：一是保持传统优势，做强地方金融发展研究；二是形成

特色品牌,做实高职教育发展研究。实事求是地讲,高职院校很难成为引领科学研究的学术思想之源,但可以很好地把学术思想转化为应用与实践,在一定程度上打通科研的“最后一公里”,实现科研成果的推广转化和落地应用,这同样是不可或缺的环节,也是重要的科研活动。

(一)指导思想

1. 树立科研服务教学实践、服务生产一线意识

与高职教育相适应的科学、合理的科研定位是高职院校科研生命力所在,也是高职院校科研能否有所成就的关键。高职院校科研能力和水平的提升,首先应确立高职院校科研“服务教学实践、服务生产一线”的科研导向意识。在科研管理中充分发挥科研导向作用,通过制定激励机制、评价机制,鼓励推进教育教学实践成效奖励,重视技术创新和科技成果转化奖励,引导高职院校科研服务教学实践、服务社会生产一线。

2. 创设适应高职院校科研特点的科研组织环境

首先,要建立健全专业教育教学研究组织。教育教学研究是高职院校科研的重要内容,要通过专业教育教学研究组织平台,组织教师开展教育教学研讨,开展教育教学项目研究。这样不仅会激发并养成教师在专业教学工作中发现问题、提出问题、探究问题的习惯,而且还将有效地促进优秀教学经验和成果的推广与创新,在提高科研能力和水平的同时提升科研成果在教学实践中应用和转化的水平。

3. 发挥行业指导委员会在专业和学科发展中的作用

高职教育是横跨职业教育与高等教育两大领域的一个教育类型,充分发挥行业指导委员会的作用,必然要求行业指导委员会成员组成不仅要包括学界职业教育专家、学者,还要聚集一大批社会各界,尤其是来自行业、企业的专家。教育部职成司已组织成立的行业指导委员

会就是一个积极的探索。学校要充分利用社会各界专家、学者的资源优势，加强对专业和学科发展，尤其在专业建设以及产学研结合等方面理论研究和实践探索的指导作用。

（二）主要举措

1. 完善研究机构设置，加强研究平台建设

在全校层面，成立高品质幸福金院建设研究会、金融研究会、教学研究会、党建研究会和学生思想政治工作研究会，充实会员与研究基础。浙江地方金融发展研究中心、高等职业教育发展研究中心、浙江互联网金融研究中心以学校统筹为主，各系部设立研究中心（研究所），形成“系部—学科—研究中心（研究所）”的机构设置，如金融系的小微金融研究中心，投资与保险系的保险研究所、证券研究所，会计系的浙江会计与信用研究中心，经营管理系的商业文化研究所、创业教育研究所，国际商务系的浙江服务贸易研究中心（含跨境物流研究所、亚太价值链研究所、国际文化研究所），人文艺术系的中国传统文化教研中心，社科部的社会主义核心价值观教研中心和体育军事部的浙江高职体育研究中心。结合系部科研工作目标，研究机构加强自身研究平台建设，学院给予经费支持并进行目标考核。

2. 重视知识积累，科研与学科建设相结合

根据学院“七彩金院，交相辉映”要求，各系部要在继续抓好专业建设、做精专业的基础上，坚持问题导向，在三级学科的某一领域、方向和点上聚焦研究主题，凝练科研方向和领域，树立学科意识，关注学科发展，开展学科研究，启动并规划学科建设。以3—6年为一个周期，设立科研培育课题，推动学科建设水平和专业影响力的提升。各学科培养2—3名学科（术）带头人、1—2名学术秘书、若干名科研骨干，组成学科团队，建设学术梯队，明确本学科教师研究方向和任务，注重方法创新，

掌握学科分析方法，运用现代信息技术开展实证研究，通过持续的跟踪研究形成科研积累和学术积淀。学院建立课题指南发布制度，引导和培育科研新增长点。探索实施以学科（术）带头人、科研团队为单位的科研激励与考核机制改革，在系部年度工作业绩考核中适当增加比重。

3. 重视“跨界”合作，培育协同创新平台

参照教育部和浙江省人文社会科学重点研究基地建设要求，树立协同创新意识，立足教育教学实践和学术研究前沿，聚焦经济金融改革发展新领域、新现象、新问题与新趋势，整合现有研究力量，结合互联网金融、电子商务、跨境贸易、高职教育等研究领域，培育建设跨校际、跨学科、跨系部与跨专业协同创新平台，与行业、企业开展合作，建立并完善专兼结合、以兼为主的协同创新平台组织体系和运行机制，力争实现这些方面科学研究的重点突破和系统深化。发挥协同创新平台作用，加强资源整合，完成重大科研服务项目。并适时探索中国特色新型智库建设，提升为政府提供高质量咨询决策的智库作用，增强科学研究的话语权、制高点和影响力。

第三节　应用型科研平台的拓展

科研的最终目的是把科研成果转化为社会生产力。高职院校的科研工作应直接面向企业，面向市场，解决企业迫切需要解决的问题。从目前办学发展的情况来看，大多数高职院校处于办学内涵深化的关键时期，在这个爬坡上升的阶段，在培育并形成应用型科研平台后，每所高职院校都应立足自身的专业优势，积极、主动地与服务区域的政府、行业、核心企业合作，建立能代表学校科研服务水平和能力的研究机构，发挥其作用，有针对性地立项，寻求企业参与和支持，成果或技术一旦成熟，就应推向市场，将科技成果转化为产品或应用到实际，并以此为平台面向社会拓展服务功能。

一、应用型科研平台的拓展的理念与原则

（一）理念

校企合作背景下，高职院校科研管理的动机体现为满足外部的市场需求、回应管理部门的绩效驱动、争取同行竞争的优势、推进内部教学改革等。随着校企合作的深入，纵向、横向科研项目的差异性及统一性都日益扩大，形成相互渗透胶着的状态，高职科研管理的情境趋于复杂。高职院校的科研管理迅速对行业、企业提出的需求情境做出反应，将技术研发转化为生产力，促进资源的集聚，以获得市场的支持，使技术研发成果得以商业化，这是校企合作背景下高职科研管理的首要动机。作为重要的外部驱动因素，市场对高职科研类型、内容、方向等方面的塑造越来越重要，高职科研管理也越来越关注行业、企业的需求领域，敏锐地洞察社会热点，捕捉行业、企业的需求变化，结合区域资源优势和技术特点，开展技术攻关与产品开发研究，充分发挥高职院校和企业的人才、知识、技术和设备的优势与潜力，提升高职的科研服务能力。

（二）原则

应用型科研平台的拓展一是服务教学，突出办学特色，科研与人才培养、专业建设紧密结合，通过聚焦能力建设，不断提高教师教育教学和专业研究的水平。二是服务行业、企业，鼓励引导教师关注产业、业态新变化，凝练科研方向，学院重点扶持立足行业、企业发展实践的“立地式”研究与政府咨询决策研究，使研究成果能落地应用，提升服务

行业、企业与政府的深度。三是服务社会，高职院校是知识积累和技能积累的场所，专业学科既是知识分类和积累的结果，也是科学研究的有机组成部分，重视学术研究，推动学科建设，通过深入系统的研究实现理论提升，是提升服务社会成效的必由之路。

二、应用型科研平台的拓展的主要抓手

(一)优化社科联体系

社科联是团结广大哲学与社会科学工作者的桥梁与纽带，在科研方面，社科联起着提出问题、提供信息、搭建平台、穿针引线的作用。学院于 2010 年 1 月率先在浙江省高职院校成立社科联，明确了学院社科联工作的服务面向和依靠力量。通过发挥社科联在组织建设、机构运行、学科建设、团队培育、社科普及和社会服务中"联"的作用，着力提升五个影响力，即发挥学院专家教授在政府决策咨询服务中的积极作用，发动专业教师积极投身社科知识普及和专业技术服务，发掘学院服务地方、服务行业、服务社会的潜力和作用，并在工作过程中提供坚实的组织保障，为科研创造良好的内部环境和外部条件，逐渐成为教师提高素质、发挥作用、扩大影响的工作平台，在繁荣社会科学研究氛围，推进优势学科成长，促进优秀成果凝练等方面取得了积极的成效。

(二)规范学术委员会建设

升格高职办学之初，学院于 2001 年 6 月成立学术委员会。学术委员会是校内最高学术机构，统筹行使学术事务的决策、审议、评定和咨询等职权。为规范和加强学院学术委员会建设，完善内部治理结构，保障学术委员会在教学、科研等学术事务中有效发挥作用，根据《中华人民共和国高等教育法》《高等学校学术委员会规程》及相关规定，制定了

《浙江金融职业学院学术委员会章程》。学术委员会是校内最高学术机构，统筹行使学术事务的决策、审议、评定和咨询等职权，负责对校内科研课题项目进行严格评审工作，保障教师、科研人员和学生在教学、科研和学术事务管理中充分发挥主体作用，促进学校科学发展。结合学院实际，与学校的学科、专业设置相匹配，学术委员会由学校不同专业、学科的教授及具有正高级以上专业技术职务的人员组成。学术委员会利用现有的各类学术平台，积极开展形式多样的学术交流活动，构建学术社团和研究机构运行效率评价与业绩考核机制。

（三）依托高职科研分会平台

浙江省高校科研管理研究会高职分会是全省高职院校开展科研协作的主要平台，通过这一平台，打破区域限制，与区域内相同或相类似专业的高职院校整合科研资源和力量，实现高职院校间的工作交流和科研联动。学院于 2008 年 12 月至 2012 年 12 月担任浙江省高校科研管理研究会高职分会第三届理事长单位，时任院长周建松当选为理事长，时任科研处长王成方当选为秘书长。四年间，先后组织召开五次常务理事会和每年研究年会，推动浙江省高职院校科研管理工作，并围绕“国家示范性高职院校工作计划”“服务经济转型升级提升高职办学实力”等主题研讨会，为提升全省高职院校整体科研水平起到积极的推动作用。

三、浙江金融职业学院应用型科研平台拓展的具体举措

（一）特色培育：规划科研目标

孟子曰：知所困，故有所为，有所不为。学院应据此明确科研定位，确立科研特色。通过多渠道拓展各级各类课题申报途径，加大课题申报和论文写作的指导、培训与服务，加强与立项单位和期刊的沟通，积

极创造条件促进省级、国家级重点项目的培育和高层次论文的发表，鼓励各系、专业、教师以多种形式面向行业、企业承担横向技术服务，增加横向课题数量，提高成果转化应用率。加强研究机构建设，以省151人才、省中青年学科带头人、教授、博士等为带头人，完善了学院社科联“一院三会十中心”的运行格局。学术社团和研究机构格局按照“五个一”机制的要求，建立健全各研究中心工作制度，做到年初有计划、工作有总结、日常有活动、研究有侧重、阶段有成果，以此带动学院各类社团和科研机构的规范有序运行。发挥协同研究效果，以机制保障科研平台功能的有效发挥。资助出版“金院文库”等系列高质量专著。举办高水平的学术会议和活动，提升学院科研工作的知名度和影响力。

（二）经费投入：激发科研活力

学院建立健全科研经费资助机制，设立科研专项经费，专项经费投入比例不低于当年学院各项事业费总额的1%，进一步扩大科研经费资助范围，加大科研经费资助力度。对在厅（省）及以上立项的科研项目，学院给予配套资助。学院每年确定若干招标课题，以经费资助方式鼓励教师深入开展研究；运用项目管理的方法，对科研经费实施有效的计划和控制，科学合理地使用科研经费，实现其应有价值，达到最大的效益；设计对系部科研工作的考核与评价体系，有目标、有考核、有评价；通过用比较、评价、竞争的方式，推动系部科研工作上台阶、上水平，对达到科研工作目标，具备科研特色和优势的系部，给予重点支持；对于一般状态的系部，给予积极推动，使其进入良性发展的轨道；制定“级别有序、差距明显、总体提高、激励为本”的科研成果奖励制度，对重大成果、社会影响力较大的成果给予重奖。今后，学院探索将科研经费预算落实到系部，由系部在预算范围内自主发展。学院给予政策支持，在规模和层次上允许一定比例的调整。

（三）工作联动：提高科研效率

高职院校本着提高科研效率，即科研成果贡献率的原则，建立科研工作的联动机制。联动机制的运行应务实、高效，能体现高职院校科研的地方性特征并形成较高的科研密度和大范围覆盖。联动机制应形成联动运行的模式与组织机构。联动机制主要包括三个层次：一是高职院校内部跨专业的科研联动；二是高职院校与行业、企业的科研联动；三是高职院校与政府相关部门的联动。通过这三个层次的工作联动，建立跨专业、跨系部科研支持体系，联合开展对相关行业、企业的应用性技术问题开展研究，并建立与政府部门政策信息、政策引导、政策预期之间的联系。发挥学科团队的研究基础作用，充分利用学术交流、学术论坛（研讨会）、讲座、沙龙等形式，开展正常的学术争鸣和学术批评，浓厚科研氛围。引导教师养成良好的学术道德，防范和处理学术不端行为。

（四）团队打造：增强科研能力

2011 年，教育部《关于推进高等职业教育改革创新引领职业教育科学发展的若干意见》明确提出：各地要“将教师参与企业技术应用、新产品开发、社会服务等作为专业技术职务（职称）评聘和工作绩效考核的重要内容”。科研团队建设主要有两个方面：一是高水平的专业领军人才。科研创新团队带头人是组建科研创新团队的关键，他不仅要拥有高深的学术造诣和创新性学术思想，还要勇于不断开拓新的研究领域，同时具有比较好的组织协调能力、合作精神、锲而不舍的毅力及百折不挠的精神。二是结构合理的科研队伍。以项目为依托，培育科研团队。高职院校科研能力和水平集中体现在学校是否拥有高水平的科研团队。主要内容包括组织科研团队研讨，申请访学项目，申请学术会议资格，申请科研评审工作的资助，促进科研互动、合作网络的形成，科研伙伴关系的维系，专业科研领域的确立等内容。在学院职称评审改革中，实施分类评价，发挥科研为主型教师作用，实现科研考核的激励和约束效果。

（五）成果培育：涌现科研品牌

学院在科研方面培育形成“高职教育”“地方金融”“素质教育”等知名品牌。教师在全国中文核心期刊发表论文500余篇，其中在高等教育类全国14种核心期刊上发表论文138篇，发文数连续八年位列全国高职院校第一。教师共获570项课题立项，其中国家社会科学基金项2项、教育部人文社科项目等部级项目17项、浙江省哲学社会科学规划项目32项、浙江省科技厅社科项目（软科学与高技能人才培养项目）8项，270项厅局级以上课题中省社科联各类项目85项，出版“金院文库”学术专著45部，在国内一级学术期刊发表论文84篇，CSSCI来源期刊发表论文98篇，研究成果获各类校外奖励100余项，均列全省高职高专院校首位。学院持续主办“应用型金融人才培养论坛”“文化建设与高职教育可持续发展论坛”“高职院校素质教育论坛”等学术活动，学院先后荣获浙江省社科联系统先进集体、浙江省社会科学普及工作先进单位称号。

（六）制度创新：规范科研管理

制度创新是科研组织科学发展的必然要求，学院先后制定颁发了《浙江金融职业学院关于加强和推进科研工作的若干意见》《浙江金融职业学院学术委员会章程》《浙江金融职业学院科研项目资助、科研成果奖励与科研业绩考核办法》《浙江金融职业学院科研课题立项申报程序》《浙江金融职业学院科研课题经费管理办法》《优秀科研成果申报与评定管理办法》等科研管理规定，建立科研成果奖励、科研课题资助和科研业绩考核三项基本制度。科研部门将项目管理应用于科研管理，建立教师及管理人员科研业绩考核制度，健全相对稳定的科研评价制度，将科研周期和年度进展相结合，对教师的科研工作做出客观的评价。对周期科研评价不合格的教师要进行提醒和督导。通过开展有针对性的课题申报讲座、经验交流等活动，积极鼓励教师申报各级各类科研项目。同时，细化课题研究过程管理工作，实施省部级以上课题集中开题、中期报告和结题报告制度，贯彻执行科研经费信息公开，规范科研经费使用及管理。发挥科研管理职能部门工作优势，提高管理与服务的规范化和科学化水平。

第四节　做实科研：学院高职教育研究平台案例

一、高职院校教育研究概述

（一）对高职教育的再认识

作为一种教育类型，高等职业教育的内涵极其丰富，外延也十分宽泛，它跨越了职业与教育、高等教育与职业教育、企业与学校、工作与学习的界域，是“跨界”的教育、开放的教育，具有系统性和复杂性。[①] 研究领域是研究客体的集合，客体是哲学范畴的概念，指存在于主体之外的客观事物，是主体认识和实践的对象。高等职业教育研究领域不仅涉及宏观的确保其权威地位的体系、制度、管理等框架性的结构层面的内容，还涉及中、微观的确保其有序运行的教学、科研、服务、评估等进行性的机制层面的内容。因其研究领域非常广泛，人们对高等职业教育的认识和理解需要经历一个逐步深入的过程，认识和理解高等职业教育的立足点是学校，高等职业教育发展隐含的规律性只有通

① 姜大源：《职业教育必须有跨界思考》，《中职教育改革动态》2011年第10期。

过教育科学研究才可能被发现和掌握。我们通过对主客关系的表达描述呈现了事物的关系发生，通过一定的途径、步骤和手段达到认识高等职业教育的目的。从实践中来，到实践中去，高等职业教育的实践发展需要教育科学研究提供理论指导和理性支撑，而科学的理论来自对事物发展规律的探索和研究。

（二）高职院校教育研究

职业教育研究是社会科学研究的一个重要领域，包括职业教育基础理论研究和职业教育实践研究。近年来，我国高等职业教育快速发展，高职院校教育教学实践中有许多现实的问题和困惑需要解决和明确。我国高职院校由于受办学历史不长与学术氛围不浓等因素的影响，职业教育的研究力量仍然比较薄弱，研究成果与水平尚有较大的提升空间。目前，我国一些普通高等学校依托学科优势，开展了卓有成效的职业教育基础理论研究；高职院校则更多的是对职业教育实践的探索总结；政府各级职业教育研究机构则更侧重于职业教育政策研究。高职院校直接从事高职教育实践，需要先进理论指导，同时高职理论需要高职实践实现其自身价值，并由实践检验其正确性。高职教育丰厚、鲜活的实践是研究高职教育规律不竭的源泉，高职院校具有研究高职教育的便利条件，有义务和责任参与高职教育的研究。

教育教学研究是目前高职院校科研的根本任务，是推动职业教育科学发展的基础性、保障性工作。高职院校科研活动是通过高职院校科研人员和教师对职业教育教学理论和实践开展研究，在这个过程中，高职教育、高职院校本身也是其重要的研究客体。教育部副部长鲁昕在全国职业教育科研工作会议上进一步明确了高职院校教育研究的重点，提出要加强高等学校职业教育科研机构建设。有条件的高等学校和职业院校，都应建立专门的职业教育科研机构，充实研究队伍，加大研究经费投入力度。高等学校要积极发挥自身学科优势，着重开展基础理论研究。职业院校教研机构要发挥紧贴实践一线的优势，积极开展实践研究。

二、学院高职教育研究发展历程的回溯性分析

(一)机构沿革

在升格办高职以后，学院于2002年成立高等职业教育研究所。2007年6月，由学院发起，联合省内高职院校成立以从事高等职业教育理论研究和实践探索为中心任务的“浙江高职教育发展研究中心”。在国家示范性高等职业院校建设计划实施期间，2007年11月，由学院发起，联合全国首批示范性高职院校成立示范性高职院校建设研究中心，共同推进国家示范性高等职业院校建设计划理论与实践研究。2008年3月，学院高等职业教育研究会成立。2008年11月，由学院发起，联合全国示范性高职院校成立高职教育文化研究中心，推动文化建设与院校可持续发展研究。2010年1月，学院高等职业教育研究所转为高等职业教育研究中心，成为学院的一个专门教学研究部门，纳入学院每年的部门工作考核；2014年1月，高等职业教育研究中心更名为高等职业教育发展研究中心，研究重点确定为高等职业教育发展政策与实践研究。2012年4月，学院发起成立全国高等职业教育科研机构协作会，继续发挥示范引领作用。2014年4月，学院发起成立中国高教学会全国高职素质教育工作委员会，推进高职院校素质教育工作的研究与实践。目前，学院形成高等职业教育发展研究中心为统领，各高等职业教育相关研究机构为主干，校内外专兼结合的研究人员组成的高职教育研究机构设置。

(二)研究重点

学院高职教育研究的重点主要围绕宏观上的高职教育办学模式

研究、中观上的高职教育人才培养模式研究和微观上的高职院校教与学研究等三方面展开。

1. 高职教育办学模式研究

办学模式是指兴办和经营管理学校的体制机制的特定样式，它由办学资源的特殊属性及特殊组织结构形式所决定。高等职业院校是高等职业教育的办学主体，办学模式是学院体制机制改革与创新的重点和切入点。办学模式研究主要包括学校办学的目的、价值、功能、主体、制度等内容，研究高等职业教育如何更好地服务区域产业转型和社会发展等。高职教育需要经常地追寻其规律、本质，以使高职院校领导和教师不会在教育的丛林中迷失方向。①

2. 高职教育人才培养模式研究

人才培养模式是指在一定的现代教育理论、教育思想指导下，按照特定的培养目标和人才规格，以相对稳定的教学内容和课程体系，管理制度和评估方式，实施人才教育的过程的总和。当然，任何一所学校都不会因为迷恋一种状态而只将其作为一种模式。随着办学规模的快速扩大，社会对高职院校人才培养及其改革的需求均在增长，需要我们对人才培养的相关基础性问题进行研究，以系统深入的人才培养模式理论研究为基础提高人才培养质量。教学是实现人才培养的基本途径，是学校教育的永恒活动。根据高职教育的定位，分析高职培养人才成长的规律是高职研究的重要课题。在此基础上，人才培养模式研究主要围绕专业建设、课程建设、师资队伍建设、实验和实训条件建设、思想政治教育、学生素质能力提升、学校教育管理、校园文化等方面展开。

---

① 刘松林：《高职院校科研的内涵与定位研究》，《河北师范大学学报（教育科学版）》2013年第9期。

3. 高职院校教与学研究

对于高职院校而言，校企合作、工学结合是培养职业人的必由之路，因为以职业教育为主的教育特点和培养职业人的教育目标要求，将职业教育渗透到专业教育中，在教育内容上向各种教育渗透，在教育资源上实现有机整合和资源共享。广义的人才培养模式包括公共基础教育、专业教育、思想政治教育、社会实践活动等所有与学生职业发展存在某种联系的教育活动，需求、实施、条件、结构、内容等构成了高职院校教与学的质量要素。从目前的高职课程开发实践看，教师缺乏课程理论、课程原理、课程历史的基本知识。高职教学研究以高职大学生心理为基础，在教育心理学的指导下，通过分析高职学生的学习基础、学习方式、学习习惯，探索适应技术技能人才培养的教学方式、方法、途径，重点在于研究理论知识与实践操作的教与应用理论知识解决职业岗位实际问题的教学方法。

（三）重要学术活动

2006 年 5 月，学院高等职业教育研究所承办中国高等职业技术教育研究会六届五次常务理事会。2007 年 6 月，由学院发起成立浙江高职教育发展研究中心的同时，举办首届建设浙江高职教育强省论坛，率先提出“打造浙江高职教育强省”战略，并于同年 10 月举办第二届建设浙江高职教育强省论坛，得到省内高职院校的积极响应。2008 年 3 月，学院高等职业教育研究会成立的同时，举办第三届建设浙江高职教育强省论坛。2007 年 11 月，示范性高职院校建设研究中心成立的同时，举办首届示范性高职院校建设与管理论坛；并于 2009 年 10 月举办第二届示范性高职院校建设与管理论坛，所发挥的引领作用得到全国示范性高职院校的一致认同。2008 年 11 月，发起举办全国百所示范性高职院校论坛，主题是示范院校文化建设与可持续发展，此后分别于2010年11月、2012年11月、2014年12月主办第二、三、四届高职教育文化建设与可持续发展论坛。2009年10月，协办中国高等教育学会2009年高等教育国际论坛之高等职业教育专题论坛。2010年7月举办“加强教育科学研究 提升内涵建设水平”——媒体、院校合作发展高级研修班。2012年4月，在发起成立全国高等职业教育科研机构协作会的同时，举办高等职业教育科学研究与可持续发展研讨会。2013年11月，举办全国高职院校党委书记论坛，研讨高职院校党建工作。2014年4月，在发起成立中国高教学会全国高职素质教育工作委员会的同时，举办首届全国高职院校素质教育论坛。2015年6月，承办中国高等职业教育创新发展研讨会暨CNKI第十届全国高职院校院长高峰论坛。这些主要的学术论坛和活动极大地推动了学院高职教育研究的开展，并发挥了首批国家示范性高等职业院校的引领作用。

三、主要成绩、不足与改进

(一)主要成绩

1.形成了高等职业教育研究理念和氛围

促进或者制约高等职业教育研究的因素很多，既有历史的渊源，又有现实的影响，同时还有人们的观念，观念取决于对高等职业教育的认识与理解程度。在高职院校，教师通常承担较为繁重的教学任务，大多数教师忙于教学事务，无法腾出时间和精力开展教育研究。以往教师观念上觉得教育研究是可有可无的事情，加上研究队伍的稳定性不强，人员流动性较大等因素，导致教育研究氛围不足。学院通过营造研究氛围，鼓励研究主体突破观念桎梏，教育研究既要有甘坐冷板凳的决心，也要遵循高等职业教育规律。教师普遍克服了对教育研究的畏难情绪，形成研究习惯，增强研究自信，掌握研究方法，提高研究自觉。[①] 十多年来，学院的高等职业教育研究走过了从量的扩大到质的提升的历程，对办学模式和人才培养模式多维度的教育研究使我们增进了对高等职业教育的理解，指引着学院在办学理念上的转变和人才培养行动上的突破。

2. 建立了高等职业教育研究长效机制

长效机制是实现教育研究可持续发展的重要保障。2007 年，学院发起成立浙江高等职业教育研究中心（后更名为高等职业教育研究中心和高等职业教育发展研究中心）。2010 年，学院在浙江省高职院校率先成立社科联，长效工作机制进一步得到健全和完善。研究中心运行八年多来，充分发挥在确定目标、制订计划、分解任务、监督检查、协调服务、激励评价等方面的作用。2008 年 1 月，中心被中国高等教育学会评为第二届“全国优秀高等教育研究机构”，并作为该届协作会议唯一高职教育研究机构代表做主题发言。2011 年，中心被中国高等教育学会评为第三届“全国优秀高等教育研究机构”，成为唯一一家连续两次获得“全国优秀高等教育研究机构”称号的高职院校教育研究机构。2014 年，中心又被评为浙江省优秀高等教育研究机构。

3. 提高了学院的知名度和影响力

学院在高职办学实践中，加大开展高等职业教育的研究力度，研究成果数量迅速增长。根据《中国高教研究》编辑部统计，学院在 14 种高等教育类核心期刊发表论文数，自 2007 年来连续八次排名全国高职院校第一。在研究成果数量迅速增长的同时，学院高职教育研究质量不断提高，按引用率、影响因子、他引次数等可比指标计量，学术影响力

---

① 这里借用我国著名社会学家费孝通的“文化自觉”的观点，他认为文化自觉是文化的自我觉醒，自我反省，自我创建。研究自觉是指研究者对其研究有自知之明，并对其研究的发展历程和未来有充分的认识，简言之，即研究的自我觉醒，自我反省，自我创建。

显著提升，研究成果备受职业教育界和高等教育界关注。2011年2月，根据全国教育科学“十一五”规划课题“我国省域职业教育竞争力比较研究”、中国高等教育学会2011年重点规划课题“我国高等职业教育研究学术影响力测量与评价”课题组报告，“浙江金融职业学院在发文量和文献被引频次两项指标上均排名第二，学术潜力较高”；在机构献被引频次排名全国高职院校第一，这些都大大提高了学院的知名度和影响力。

（二）不足

1. 研究方法经验性有余，规范性不足

高职教育研究中，无论是高职理论、课程与教学研究还是学科专业研究都涉及实证研究。大部分高职教师抽象理论研究的能力比较弱，高职教育的定位也使得高职教师与抽象理论研究的接触机会少。因此，高职教师更应学会使用实证研究方法，做规范的研究。当前学院高等职业教育研究集中体现为经验或常识性思维主导研究过程，从常识和经验事实层面描述和分析职业教育现象或事实，理论研究仅停留于经验总结或工作手册性质的形态，而经验描述毕竟只是开展研究的初级阶段而不是科学理论，这就大大弱化了研究的规范性。

2. 研究内容高教性有余，职教性不足

高等职业教育是高等教育和职业教育的集合，是“跨界”教育，要研究这种“跨界”教育，就必须同时遵循高等教育和职业教育的规律。高等职业教育不是本科教育的“压缩饼干”，由于高职院校与本科院校在文化和教育上存在较大差异，具有特殊性，不能照抄照搬本科院校的概念。如果忽视对高等职业院校大学生成长规律的把握和对高等职业院校人才培养的过程的理解，将会导致相关研究的适用性欠佳。

3. 研究成果学术性有余，应用性不足

从实践中来，到实践中去是开展研究的一条颠扑不破的真理。一方面，研究成果要能为决策提供建议和意见，成为决策的一部分。另一方面，更重要的是，研究成果要落地，强调对研究成果的应用。当前，学院高职教育研究成果指导教学和应用于教学方面还基本处于起步阶段，教育研究与教育实践仍然处于各自为政，甚至相互疏离的状态，制约了高等职业教育研究实效性的发挥。

（三）改进建议

1. 加强对现代职业教育体系的研究

政府引导是发展高等职业教育的主要推动力量。2010 年，《国家中长期教育改革和发展规划纲要（2010—2020 年）》提出构建现代职业教育体系，国家加大了教育改革创新和财政支持教育的力度，从国家层面赋予高等职业教育新的使命。2014 年，国务院召开新世纪以来的第三次全国职业教育工作会议。中共中央总书记、国家主席、中央军委主席习近平就加快职业教育发展做出重要批示。中共中央政治局常委、国务院总理李克强在会前接见与会全体代表并讲话。会前，国务院颁布《关于加快发展现代职业教育的决定》（国发〔2014〕19 号），教育部、国家发展改革委、财政部、人力资源和社会保障部、农业部、国务院扶贫办等六部委制定《现代职业教育体系建设规划（2014—2020 年）》。学院要抓住国家加快发展现代职业教育的大好时机，加强对现代职业教育含义、体系、制度、实现路径、保障等方面的研究，为加快发展现代职业教育提供微观基础实践支撑。高等职业教育已经走过了“跑马圈地”的时代，需要深入研究领域，进行精耕细作，形成研究的“自留地”和“高产田”。

2. 运用多学科视角深化院校研究

采用多学科视角研究高等职业教育，诸如以教育哲学视角研究高等职业教育价值、使命、责任等；以教育法学视角研究现代大学治理、大学章程等；以教育管理学视角研究现代职业教育体系；以教育社会学视角研究教育、招生、就业与民生（受教育者素质提高）的关系；以教育经济学视角研究高等职业院校绩效问题。与此同时，着眼于院校管理和发展中的实际问题，加强院校研究。当前，对所在院校的运行状况及其影响因素进行分析和评估的自我研究已广泛应用于高等教育领域。高等职业教育研究需要借鉴先进经验，但更需要立足院校实际，收集、完善和规范院校数据，为院校决策提供信息和咨询服务，为提升高职院校办学质量打下坚实的基础。如可借鉴浙江树人大学的民办教育研究中心、浙江金华职业技术学院现代职业教育研究中心等机构的运作经验。此外，办学效益研究是院校研究的重要方面。高职院校普遍强调积极争取资源，但对资源优化和高效利用不够，高职院校办学绩效方面的研究几乎处于空白状态，需要进一步加强。

第五节 做实科研：学院地方金融研究平台案例

一、地方金融发展研究概述

（一）对金融教育的再认识

从广义上来讲，金融是一门研究目标构建的科学，也就是如何通过必要的经济手段实现一系列目标的学问，以及如何管理实现目标所需的资产的学问。[①] 金融教育本质上是一种专业教育，而“专业教育既

① [美]罗伯特·希勒：《金融与好的社会》，束宇译，中信出版社2012年版，第9页。

是知识分类的结果，也是社会分工日益细密化的需要”[①]，这种需要与金融产业发展密切相关。我们应该将金融教育置于浙江金融发展乃至中国金融格局大变革背景下进行考察。金融产业作为从事资金融通和信用活动的产业，主要包括银行、证券、保险、信托、期货，以及私募金融、互联网金融等业态，在现代经济中具有优化资源配置、调节经济运行的基础性作用。

美国经济学家、诺贝尔经济学奖获得者罗伯特·希勒在《金融与好的社会》一书中指出，金融是一个强有力的工具，它有能力为我们积累资本金，汇集信息，促使人们协同工作，并给人们的工作提供动力。[②]同时他强调，由于金融体系的功能十分精细，从事这个行业有关职业的人必须对业内各类组织的由来、金融业务的操作方式、行业运作的目标，以及个人职业如何与行业整体情况相结合等问题有最基本的了解。[③]学校教育的过程是年轻人唯一一次能够真实、从容地审视自己未来所要从事的职业的机会，也是唯一一个能够不受信息披露条件和职业忠诚条件约束，可以畅所欲言的时期。这也是指导其人生走向道德品质的培养时期，教育者有责任看护他们形成正确的道德观。因此，将职业教育的发展过程与产业发展过程相比照，以职业为导向，聚焦金融教育，不避开基础技能的培训，同时将金融的从业理念整合在更全面的知识架构内。

(二)地方金融发展研究

经济发展规律表明，当工业化步入中后期，服务业就将成为经济结构调整和增长转变的主角。2015 年，浙江省“两会”确定的经济工作

---

① 转引自汪晖：《现代中国思想的兴起(下卷第二部：科学话语共同体)》，生活·读书·新知三联书店 2014 年版，第 1378 页。

② [美]罗伯特·希勒：《金融与好的社会》，束宇译，中信出版社 2012 年版，第 276 页。

③ 同上，第 151 页。

的重要任务之一是发展信息、环保、健康、旅游、时尚、金融、高端装备制造等七大产业，加快形成以高端制造业和现代服务业为主体的产业结构。当前，浙江省着力构建五大金融产业、四大金融平台、三大区域金融布局的“大金融”产业格局，加快金融机构、金融市场、金融业务创新，进一步推进金融产业实力强和金融服务实体经济能力强的“金融强省”建设。做强做大金融产业，既是促进经济发展、维护经济安全的重要保障，也是培育我省经济新增长点、加快经济转型升级的重要举措。当前，浙江正在强化制度供给和创新驱动，着力打造更有效率的政务生态系统、更有活力的创业创新生态系统、更有魅力的自然生态系统、更加和谐的社会生态系统及一批新金融发展平台。在适应新常态、引领新变革、服务新经济的背景下，发展新金融、创造新财富是浙江经济在新常态下转型发展的机会，也是金融机构做大市场蛋糕的机会。我们以市场化金融改革为主线，研究浙江金融改革的实践特色和演进规律。

二、学院地方金融研究发展历程的回溯性分析

(一)机构沿革

1987 年 5 月，浙江银行学校金融研究会成立，成为学校历史上第一个正式的学术研究机构。学校升格高职院校后，为适应高等职业教育发展要求，加强学术研究，浓厚科研氛围，2001 年 6 月，学院成立金融研究会，会长为时任院长周建松教授。研究会下设金融、投资、保险、金融会计四个专业委员会。2002 年 4 月，金融研究会成立保险研究所。2006 年 5 月，由学院牵头发起，由浙江省人民政府金融办、人行杭州中心支行、浙江银监局、浙江证监局、浙江保监局、浙商银行、浙江省农信联社、浙江省金融教育基金会等八家机构共同合作支持，成立“1＋8”机制的浙江地方金融发展研究中心(以下简称中心)。中心的组织定

位是独立的、非营利性的学术研究机构。2010 年 1 月，中心成为学院的一个专门专业研究部门，纳入学院每年的部门工作考核。2015 年 2 月，中心与合作发展处合署办公。目前，研究中心已组建一支校内外专兼职相结合的特色研究团队。

(二)研究工作

1. 以浙江金融强省建设战略为重点研究内容

中心以推动浙江金融强省建设为工作目标，依托浙江金融职业学院的金融科研资源，充分调动浙江省内各级政府部门、省内外研究机构及各金融机构的研究力量，搭建地方金融研究平台，发展地方金融研究团队。围绕浙江经济、金融建设着力探索并构建三个机制：一是浙江经济、金融良性互动发展机制；二是浙江民间金融规范发展机制；三是中小企业融资机制。通过开展地方金融市场调研、金融学术研究与交流、微观金融技术开发与应用等活动，提高浙江地方金融综合发展力，提高浙江金融业竞争力，并为政府相关金融管理提供政策决策咨询。中心聘请浙江省人民政府副秘书长陈国平任首席顾问，中国人民银行参事谢庆健、省政府金融办主任丁敏哲、中国人民银行杭州中支副行长郑南源、浙江银监局副局长韩沂、浙江证监局局长王宝桐、浙江保监局局长张忠继、浙商银行副行长徐仁艳、浙江省农信联社理事长朱范予等为高级顾问。针对浙江金融文化、信用浙江、农村金融、中小企业融资、社区金融、保险、证券、温州金融改革等内容，设立八个研究所开展专题研究。

2. 以“九个一”为开展研究的主要工作任务

中心在现有工作基础上，整合多方的研究力量。浙江地方金融发展研究中心的主要工作任务是“九个一”。一库：继续出版“金苑文库”，与中国金融出版社合作，将金院校友、学院经管类专业研究成果统一编撰，出版系列研究专著。一刊：以书代刊，与中国金融出版社合作，出版《地方金融评论》。一报：编写研究简报，将政策建议类研究成果编辑成册，向浙江省政府领导及合作支持单位、合作高校寄送。一课题：向校内外发布专项研究课题，形成系类课题研究成果。一学院：依托继续教育与培训学院对金融机构业务骨干和新员工开展培训。一网站：建立地方金融研究网，发布相关政策与研究信息，发布各项研究成果。一论坛：以浙江地方金融发展为主题，举办浙江地方金融发展论坛，同时举办学术沙龙。一讲堂：邀请金融界专家、学者，定期举办金融发展与人才培养大讲堂。一中心：依托现有浙江金融文献中心，进一步丰富与加强金融文献中心建设工作，为浙江地方金融发展研究提供图书信息保障。

3. 以促进金融教育理论与实践为工作目标

中心紧紧依托学院作为全国金融职业教育教学指导委员会副主任委员单位和金融专业国家教学资源库牵头建设院校的有利地位，与中国金融教育发展基金会合作。从 2011 年起，中心受浙江省金融教育基金会委托，每年对基金会年度课题的招标设立、申报评审、组织研究、中期督导、结题评价、成果汇编等，有计划地开展一系列工作，形成了地方金融系列研究成果。自 2012 年起，中心开展“大金融”平台建设与金融学术信息应用推广沙龙活动。牵头举办学校春、秋两季的学术系列活动，在推进“大金融”专业与学术平台建设的指导思想下，组织金融系、会计系、投资与保险系、银领学院、国际商务等系部专业教师参与论坛、学术沙龙、专题报告会、研讨会等相应的专业活动，以金融专业研究支撑金融人才培养模式改革和教学改革，为学院“六业贯通”的人才培养奠定坚实的基础。

（三）重要学术活动

为加快推进浙江金融强省建设战略，研究中心成立后，2006 年主办浙江地方金融的创新与发展论坛。2007年主办城市商业银行的改革发展与创新论坛。2008年主办农村金融改革发展与创新论坛。2009年主办村镇银行发展高峰论坛。2010年协办中国金融仓储发展高峰论坛。2011年承办“信用浙江”建设十年大型文化活动。2011年协办浙江省社科联首场“十二五”学术交流会,同年主办以“‘十二五’浙江经济转型升级与金融服务体系建设”为主题的“当代浙学论坛·金融学术沙龙活动”。2012年承办省社会科学界首届学术年会暨省金融学会年会“金融改革与创新”学术专场。2014年主办互联网金融、新常态下浙江金融业可持续发展两场行长论坛等辐射全省乃至全国的大型学术研讨活动。

三、主要成绩、不足与改进

(一)主要成绩

1. 形成了“五个一”研究工作长效机制

“五个一”研究工作长效机制即每两年举办一次浙江金融强省建设论坛,每年举行一次浙江地方金融改革发展专题研讨会,完成反映浙江地方金融改革发展的一部学术专著,一项直接服务于浙江地方政府或金融机构的技术项目和维护运行建立地方金融研究网,发布相关政策与研究信息,发布各项研究成果。中心营造学术氛围,规范学术研究,推进笃行治学,服务于政府、行业、社会公众的一系列举措产生了较好的服务效果,得到了浙江省政府、金融界和社会公众的认可与好评,成为浙江省研究地方金融改革与发展的重要基地和服务社会公众的一个重要窗口,取得了良好的社会效益。

2. 构筑了“大金融”学术研究与交流平台

依托学院金融系、投资与保险系、会计系等教学单位,在现有浙江金融学术交流中心的基础上，面向本校教师、面向金融行业、面向学生，与学院图书信息中心联合开展“大金融”学术研究与交流平台建设。“大金融”学术平台通过丰富图书信息中心图书和电子数据库资源，为浙江地方金融发展研究提供信息资源，并利用举办系列学术报告会、“金苑讲堂”、学术沙龙等形式的活动为浙江省转型发展和金融体制改革提供坚实的智力支撑和研究支持。2014 年 5 月、11 月，中心协同学院校友办、合作发展处，以校友为主体，联合省内外金融机构举办了两次行长论坛，围绕互联网金融、新常态下浙江金融业可持续发展等热点问题，开展了金融研究学术活动与产学合作交流的新尝试。

3. 涌现一批地方金融发展研究成果

研究中心成立近十年来，召开浙江“金融强省”建设系列论坛 5 次；承担省哲学社会科学规划重点课题、省科技厅软科学项目等以浙江“金融强省”建设和地方金融改革发展为主题的省级课题 10 余项；出版《浙江地方金融发展探索》《浙江地方金融发展研究》《浙江金融强省发展战略》等学术专著、论文集 12 部；在《金融研究》《财贸经济》《浙江社会科学》等期刊上发表浙江地方金融研究类学术论文近 100 篇；主持完成杭州“十二五”地方金融发展规划；主持杭州都市圈“十二五”金融发展规划；主持研究嘉兴南湖区金融示范区建设规划；受托为浙商银行、湖州银行、嘉兴银行、金华银行等省内地方金融机构和华峰集团等企业制订发展规划或提供专业技术服务；合作参与省市理财博览会，制度化、经常性地参与大众金融与理财知识普及服务活动；出版“理财一本通”系列、“中小企业经营管理”系列等科普读物约 20 本。

（二）不足与改进

1. 进一步融入政府部门，提高决策服务能力

目前，浙江省已将金融业列为重点发展的七个万亿级战略大产业，按照“政府引导＋市场运作”模式，引入社会资本，成立专业的开发公司，进行市场化运作。加强政府配套政策支持，建立“主导产业＋基金”的创业创新机制，引进、入驻一批国内外高端金融研发和管理团队，促进高端要素集聚，形成专业性功能型金融集聚地。专门成立浙江省金融产业发展领导小组，加强金融产业发展的顶层设计和统筹协调。要将加快金融产业发展纳入各地、各相关部门工作目标责任制考核内容，积极出台支持金融产业发展的各项政策措施，加快推动我省金融产业发展。学院名为金融，情在金融，专业在金融，为区域金融发展的政府决策提供研究支持是义不容辞的责任。

2. 进一步融入行业企业，提升社会服务能力

高职院校承担着为区域经济社会发展培养合格人才的任务，而浙江省正推动杭州建设有特色优势的国内一流财富管理中心和互联网金融中心，加快建设宁波保险创新综合示范区和港口金融、航运金融区域中心，发展专业性航运保险法人机构。因此中心研究的提升和发展必须以行业为依托，深化产教融合与校企合作。中心的研究必须基于融入行业企业、为行业企业出谋划策的基础上，才能行稳致远。此外，作为浙江省金融业人才培养的“黄埔军校”，进一步发挥学校校友资源的优势，扩大中心与行业、企业、金融机构的联系与交流，推进地方金融研究和人才培养。

第三章

做活服务

从大学的历史发展来看，首先出现的是教学型大学，然后是研究型大学，以美国高校发展为标志，大学开始大规模地服务社会。这一职能源于1862年美国《莫雷尔法案》(又称赠地法案)，一些赠地学院，有代表性的如威斯康星大学将社会服务作为其办学的主要目标。韦尔金斯曾言，大学作为知识的生产者、批发商和零售商，是摆脱不了服务职能的。① 美国教育家克拉克·克尔说，现代大学从“村庄”(象牙塔式的博雅教育)，到“乡镇”(类似于各个产业的专业学院)，再到“城市”(从事多种活动的巨型大学)的发展过程，无论规模结构如何变化，都不能失去“大学之用”——大学是一个“才智之都”，为社会提供更好的知识，更高的技能，并且它们在今天和未来变得更加重要了。②

社会服务能力是高职院校办学实力的重要标志，社会服务与人才

① 转引自[美]约翰·S.布鲁贝克：《高等教育哲学》，王承绪、徐辉、郑继伟、张维平、张民选译，浙江教育出版社1987年版，第18页。

② [美]克拉克·克尔：《大学之用》，高铦、高戈、汐汐译，北京大学出版社2008年版，第163页。

培养、科学研究和文化传承与创新等一道构成了高等学校的四大重要职能。2014年，《国务院关于加快发展现代职业教育的决定》(国发〔2014〕19号)指出，当前职业教育还不能完全适应经济社会发展的需要，而高等职业教育服务需求主要体现在服务经济社会发展和人的全面发展上。为此，高职院校必须研究社会的需求，以服务发展为宗旨，以促进就业为导向，适应技术进步和生产方式变革以及社会公共服务的需要，深化产教融合、校企合作，培养数以亿计的高素质劳动者和技术技能人才，高职院校在服务社会过程中实现自身办学发展。

浙江金融职业学院(以下简称学院)按照“传承行业优势、服务地方经济、培养实用人才”的办学定位，坚持“就业立校、服务强校、合作兴校”的办学方针，在多年办学实践基础上，探索形成以行业为依托，以校友为纽带，以职教集团为载体的“行业、校友、集团共生态”办学模式，成为学院开展社会服务的有效载体。“十二五”期间，学院继续秉持在服务中谋发展、促发展的思路，始终重视社会服务工作，完善了“一二三三”办学功能定位，开展了构建多层次、立体化社会服务体系的创新实践，即以优质的全日制高等职业教育为主体，形成招生广受欢迎、出口比较顺畅、学生素质精良的高职教育体系；以多层次、立体化的职业(岗位)培训为一翼，以高效益、全方位的企业信用等级评估为另一翼；打造服务金融行业的3个中心——金融职业人才培训中心、技能人才考证考级资格认证中心、金融学术信息交流中心；建设成为中国高等职业教育的3个重要基地——金融类职业教育的资源建设基地、财经类职业教育的师资培训基地、高等职业教育理论与政策研究基地。通过社会服务，促进学院人才培养模式改革，改进科研手段与方法，创新教学成果和科研成果的转化和应用，全面提升学校的综合办学效益，引领高职教育改革发展。

第一节 高职院校社会服务概述

一、高职院校社会服务的含义、作用与特征

(一)含义

从构成要素来看,高等学校与国家、企业、家庭等组织几乎是相同的,均是既包括人的要素,又包括物的要素和信息要素,是一个相对独立的机构。然而,高等学校毕竟不是一座孤岛。一所高职院校,处在社会环境之中,不可能与社会分隔开来,事实上,其也不可能将自己孤立起来。现代高等学校的特征之一是"结构开放",主要表现为两个向度的开放,即内部向师生开放,在教与学的活动中向学生发展的可能世界开放;外部向社会开放,在与社会互动中向学校发展的可能世界开放。高等学校在演化与发展过程中受到内外部环境的深刻影响,作为这个始终处于生成过程之中的开放的存在,它与其他系统交换物质、能量和信息,其运作与目标达成的程度,均会受到环境因素的影响。正如美国教育家布鲁贝克指出的那样,当我们把霍姆斯的学说运用于学院和大学时,就会发现在过去几百年里,学院和大学已经成为他们所服务的社会不可分割的一部分。当初,为了"准备生活"而进入学院和大学的学生现在发现学院和大学本身就是生活,他们不再是一个插曲,而是成了主旋律。古尔德(1970)甚至创造了一个新词"社会大学"(Communiversity)来表示大学和社会之间形成的合作关系。[①] 英国教育家埃里克·阿什比评论说,美国高等教育的贡献是拆除了大学校园

---

① [美]约翰·S.布鲁贝克:《高等教育哲学》,王承绪、徐辉、郑继伟、张维平、张民选译,浙江教育出版社2001年版,第21页。

的围墙。[①]

从广义上讲，高等学校四大职能中的人才培养、科学研究和文化传承与创新都属于服务社会的范畴。高职院校社会服务可分为直接服务和间接服务。间接服务是通过培养人才、科学研究来推动社会的发展。而从狭义上讲，服务社会特指高等学校利用其自身的资源，通过知识生产和技术技能积累推动社会发展，本书采用狭义用法。高职院校的社会服务功能，其内涵是提供技术应用型和高技能型人才培养与培训，提供技术创新、推广和服务，实施先进文化的传播和辐射。因此，学校必须对自己所处区域的环境保持高度的敏感，同内外部环境保持紧密联系和有效互动，这样才能觉察学校发展所遇到的问题以及进一步改善的空间，更为重要的是，适应社会多重需求的学校是符合其全体成员利益的。作为教育与培训机构，高职院校在自身服务能力建设中必须遵循教育自身发展规律，在提升人才培养的基础上，提高社会服务能力，增强学校的办学效益和综合实力。

(二)作用

从办人民满意的教育宗旨出发，高职院校服务发展主要包括服务人的全面发展和经济社会发展，这两个方面通过培养、输送人才和提供智力支持得以保证，前者主要依靠高职院校的人才培养，后者主要依靠高职院校的科学研究，上述两个方面统一于社会服务。教育要求我们必须思考“培养什么人?”和“如何培养人?”这两个关乎重大意义的问题。我们开展人才培养模式改革，提倡素质教育，要求学生有合作精神，就是服务社会的体现。正如我国人民教育家陶行知所言，我们主张“社会即学校”，是因为在“学校即社会”的主张下，学校里的东西太少，

① [美]德里克·博克:《走出象牙塔——现代大学的社会责任》，徐小洲、陈军译，浙江教育出版社2001年版，第73页。

不如反过来主张“社会即学校”，教育的材料、教育的方法、教育的工具、教育的环境都可以大大增加。学生、老师也可以多起来，因为在这样办法下，不论校内校外，都可以做师生。“学校即社会”，一切都减少，校外有经验的农夫，就没有人愿意去领教；校内有价值的活动，外人也不能受益。①

高职院校服务发展的作用突出反映在以下两方面：一方面，大学的本质在于传播知识和增进技能，而知识增进与技术技能积累都来源于实践，特别是人文社会科学知识的学习与增进，更加离不开实践。在服务社会中调整专业，更新教学内容，改进教学方法，没有对社会的服务，高职院校就没有生存的条件，不能满足给学校提供运行经费的政府的需要。另一方面，对于现代高校而言，服务社会不是附带的，而应与人才培养、科学研究和文化传承与创新等功能有机结合起来，且是一个统一其他三个功能的重要落脚点。每个教师都要有自己的专业发展方向，“术业有专攻”，只有专业才可能精深，才能为人才培养和社会服务提供最好的教育。高职院校失去了专业基础，就失去了服务社会的本钱。高职院校社会服务方面的主要目的是提高行业、企业参与校企合作的积极性和参与度，使高职院校带着真诚愿望、强烈兴趣和多种能力服务社会，提升高职院校吸引力、竞争力和影响力。

（三）特征

服务区域经济社会发展是高职院校重要的办学功能，这个功能的发挥具有非常鲜明的时代特征。社会服务质量体现出学校办学与社会需求的联系、匹配和协调，它是总体质量和结构质量的具体化，更是教育质量的标志。高职院校社会服务具有科学知识生产、技术技能积累和办学面向拓展三大特征。

① 中央教育科学研究所编：《陶行知教育文选》，教育科学出版社 1981 年版，第 116 页。

1. 科学知识生产

高职院校的科学知识生产通过人才培养过程得以实现，培养的学生满足社会需求，提高青年的就业能力，应是学校追求和努力的方向。2015 年 5 月，国家开展首届职业教育活动周，以“支撑中国制造，成就出彩人生”为主题，在这个意义上，服务需求与就业导向是一致的。通过服务社会，高职院校才可能寻找具有真实意义的科研课题，才可能了解社会对人才培养的基本需求，也才可能培养适应社会需求的人才。同时，高职院校专家学者的智力优势的发挥，给他们创造了施展才华和回报社会的机会，体现知识分子的社会价值，在服务社会中实现自身发展。

2. 技术技能积累

职业教育和经济社会发展的联系最紧密、贡献最直接、见效最快捷。当前，中国经济发展到了关键转型期，除了需要拔尖创新人才，更需要一线的技术技能人才；社会发展进入攻坚期和深水期，能就业、就好业，是改善民生和社会保障最基本的途径，职业教育在保障和改善民生方面具有长效、兜底的作用。强化职业教育的技术技能积累作用。制定多方参与的支持政策，推动政府、学校、行业、企业联动，促进技术技能的积累与创新。推动职业院校与行业、企业共建技术工艺和产品开发中心、实验实训平台、技能大师工作室等，成为国家技术技能积累与创新的重要载体。

3. 办学面向拓展

高职院校服务社会，主要是为地方服务，并且侧重于应用性和实用性。美国教育家布鲁贝克指出，当代的学院和大学同整个社区的关系比同修道院的关系更密切。今天，需要甚至渴求知识的人和机构比以往任何时候都多。为了生存并产生影响，大学的组织和职能必须适应周围人们的需要。它必须像社会秩序本身一样充满活力和富于弹性。大学作为知识的生产者、批发商和零售商，是摆脱不了服务职能的。(韦尔金斯，1933)[①]发现社会需要是社会服务的方向。开展社会服务既是高职院校义不容辞的责任，也是高职院校实现内涵发展的必然要求。社会越发展，时代越进步，社会服务的要求就越高。因此，高职院校要与时俱进，关注学校社会服务的时代特点和历史机遇，努力发现学校可以服务的领域，通过这些社会需要的发现，能有效促进学校功能的发挥和扩展。

二、我国高职院校社会服务的现状与问题

(一)现状

1. 转变观念，增强服务主动性

各高职院校把服务区域经济社会发展融入办学理念中，树立主动服务的观念，通过多种方式的激励与引导，充分调动教师学习发挥自身的主动性和创造精神，使教师乐于从事社会服务，勇于拓展服务范围、创新服务方式，以优质的服务赢得企业与社会支持的同时获取相应资源，不断提高社会服务的水平与质量。

2. 明确定位，突出服务针对性

各高职院校首先需要解决社会服务的定位即服务的范围、领域、形式、层次及对象问题。主要通过本区域不断地向基层、农村延伸，覆盖整个地区。服务领域可根据学校所设的专业特色和教师社会服务能力和水平，紧密结合区域经济特点和发展需要，提供高技能人才培养、技术开发、应用与推广、决策咨询、企业培训、科学普及等社会服务。

---

① 转引自[美]约翰·S.布鲁贝克:《高等教育哲学》，王承绪、徐辉、郑继伟、张维平、张民选译，浙江教育出版社2001年版，第17页。

服务层次根据高职院校的科研实力，主要是以中间技术服务为主。服务对象主要以广大中小企业为主。

3. 培育能力，提升服务的有效性

各高职院校普遍做到师资建设与社会服务能力提升相辅相成，有机结合。以提高实践能力为突破口的师资建设不仅确保高职院校专业人才的培养质量，还提升其服务社会的能力。高职院校要主动与产业界结合，建立教师到企业实践制度，采用挂职交流、访问工程师等形式有计划地安排教师利用业余时间和假期到企事业单位实践锻炼，参与行业、企业一线的生产实践，了解行业、企业的需求动态，提升教师的社会服务能力。

4. 完善机制，保障服务的持续性

各高职院校积极创造条件，制定与完善相应的管理制度，使教师参与社会服务工作有章可循；对教师参与社会服务的时间安排、实验设备设施的使用提供便利条件；根据社会服务工作的实绩以适当标准和比例折合成工作量，并作为职称评聘、晋级及相应奖励的条件之一。社会服务长期有效的合作必须建立在利益共同的基础上，利益共享等机制保障了社会服务的持续发展。

（二）问题

我国的高职院校因办学时间较短，发展进程不一，师资力量、理念和办学定位上有差异，对从事社会服务活动的重视程度和服务力度亦存在较大差异。发展阶段，高职院校的教师普遍承担着较为繁重的教学任务，同时存在着一定的认识偏差，与政府、行业企业打交道热情不够、精力不足，不能主动走出校门积极参与本地区的社会经济建设。部分学校把精力集中在教学常规工作，无暇顾及社会服务活动；部分高职院校专业设置与地方经济社会人才需求脱节，专业类型少，结构不合理，培养规格单一，不能按照战略性产业对高技能专门人才的需求，有针对性地培养人才；部分院校从行政隶属关系上脱离行业，客观上造成了与企业联系不紧密，融入社会也往往停留在认识上，导致社会服务意识滞后，服务成效不大；部分学校对如何开展社会服务活动感到无从着手，项目对接困难重重；多数高职院校在与企业合作和为地方服务中缺乏长远规划，没有整体性、连续性，仅局限于搞一两个项目，没有形成长期和系统的服务，长足发展后劲不足。

第二节　高职院校立体化、多层次社会服务体系框架

一、立体化、多层次社会服务体系的重要性

（一）立足区域是高职院校的生存之基

区域是一个相对独立的生产力系统，地区之间具有独立性，属于同一经济区域内的职业教育在目标、层次、类型、运行等方面也具有独立性。职业教育办在地方，自然而然地获得了地域优势，可以作为区域社会发展的重要组成部分，遵循其服务地方经济的办学宗旨，把握地方经济发展需求的脉搏，研究服务范围和内容，着力培养地方急需的专业技术人才，营造技术开发优势，成为地方先进技术推广和应用的中心，最大限度地实现教育资源与地方经济的整合，在将智力优势转化为产业优势的同时，增强对地方经济的辐射力和贡献率，进而赢得地方的更大支持及其持续发展的空间。职业教育只有立足区域经济社会发展，才能培养出大批可就业、用得着、深受企业欢迎的应用型人才，才能促进区域发展，才会有稳定的生源和较高的声誉。

(二)服务区域是高职院校的发展之源

区域发展作为物质生产的主要形式,是社会赖以生存和发展的最基本的社会活动,是包括职业教育在内的其他一切社会活动的基础,推动和制约着它们的发展。一方面,区域经济的发展为职业教育提供基础性条件,如资金、物力和技术等;另一方面,区域经济发展必然对职业教育提出新的需求,包括对劳动力数量、结构和素质的需求。经济发展水平高、职业分化程度高,对劳动力的要求就比较高,为社会提供的就业机会也就比较多,从而拉动职业教育的发展。高职院校与区域发展之间的互动主要表现在:区域经济结构中的产业结构、技术结构、劳动力结构,以及经济效益等决定和制约着职业教育的层次与类型结构、质量及发展速度。当劳动力市场向职业教育提出人才需求时,高职院校对区域发展的促进作用才能体现出来。

(三)立体化、多层次服务体系是高职院校的重要依托

职业教育的产生、发展与产业变革、发展具有直接的关联性,是顺应产业变革与企业需求的直接结果。“在大学与周围社会秩序之间的紧张关系中,这一重大变革不仅受到大学内部的推动,而且也受到大学外部的推动。”[①]职业教育与区域互动发展既能充分调动地方政府和社会各界投资办学的积极性,主动为职业教育发展服务,又能促使职业院校更加积极主动地根据区域社会、经济、科技发展动态对人才需求的状况调整自己的办学方向,使学校的教学、科研、社会服务与区域发展紧密地结合起来,而结合这些要素的就是高职院校立体化、多层次社会服务体系。

---

① [美]约翰·S.布鲁贝克:《高等教育哲学》,王承绪、徐辉、郑继伟、张维平、张民选译,浙江教育出版社2001年版,第17页。

二、构建高职院校立体化、多层次社会服务体系的思路

根据国家加快发展现代职业教育的战略决策以及现代职业教育体系建设规划的要求，贯彻以服务发展为宗旨的服务理念，构建适应区域产业发展需求的服务体系，搭建以公共服务和协同创新平台为主的服务载体和完善产教深度融合、校企紧密合作的服务机制。

（一）以服务发展为宗旨的服务理念

进入新世纪以来，国务院召开的三次全国职业教育工作会议，一脉相承地明确了职业教育“以服务为宗旨，以就业为导向，适应技术进步和生产方式变革以及社会公共服务的需要”的办学指导思想。坚持走产学合作的科研发展道路，鼓励多方位的科研合作与交流，进一步拓展科研项目及经费来源渠道；加强校际科研合作，校企科研合作，国内外科研交流；积极探索产学双赢的科研合作机制，主动创新为行业服务的方式，拓宽为社会服务的领域，推动科研效率和效益的提高，通过产学研合作及一体化实现高职院校的社会服务功能。

（二）适应区域产业发展需求的服务体系

从学校外部来看，必须充分考虑动态环境，特别是非连续变化环境对学校系统宏观结构和微观行为的影响。美国教育家约翰·杜威曾指出，大学里其他领域的教授们并没有意识到教育事业的复杂性。因而，我们必须运用旨在把分离的事物联系起来的“复杂性原则”，而不是把它当作处在孤立因果关系中的各部分的机械聚合体来看待，以便更充分把握学校发展的复杂性。尤其是在全球化背景中，更要深刻理解区域性的含义。长期以来，由于高职院校与区域产业、企业之间缺乏沟通联系，许多企业对高职院校缺乏了解，对其社会服务能力持怀疑

态度。因此必须深度构建产教融合、校企合作的机制，增强专业和产业发展的吻合度，提升人才培养的质量，使院校毕业生就业紧贴产业结构调整，直接服务于区域发展和城镇化。

（三）公共服务和协同创新的服务平台

专业是高职院校开展公共服务和协同创新的平台。在专业建设中，既要考虑自身教育改革发展的需要，通过扩大、压缩、撤销、增设等方式对原有专业结构进行调整和改造，以适应经济发展对专业人才的需求，同时也使高职院校的专业结构、培养特色和服务功能等具有鲜明的特色。此外，利用高职院校的各种实训基地向其他院校学生、职业学校教师提供各种培训，实现教育和培训资源共享；配备先进的实训基地还可以授权成立行业和劳动部门职业技能鉴定站，面向社会和行业进行职业技能鉴定服务；有条件的学校应与政府、行业企业合作建立研发中心，兴办一批具有一定科技含量的校办企业实体，特别是高新技术研发、孵化、生产实体，进一步完善社会服务平台。

（四）产教深度融合、校企紧密合作的服务机制

当前我国正处于工业化、城镇化和农业现代化快速推进的关键时期。职业教育必须加快改革创新发展，全面提升服务国家战略的能力。贯彻落实《国务院关于加快发展现代职业教育的决定》（国发〔2014〕19号）的战略部署，必须要把完善产教深度融合、校企紧密合作的服务机制学作为一项重要的工作任务。深化体制机制改革，加快培养技术技能人才，借鉴澳大利亚 TAFE 教育系统，建设政府主导、校企互动、社会参与、市场运作的校企合作平台，进一步加强毕业生与企业之间的沟通，提高人才供需的匹配效率。

三、高职院校立体化、多层次社会服务体系框架

综观我国高职院校开展社会服务及其研究的现状，主要表现为五个方面：一是从学校本身管理与激励制度方面入手，如何发挥高职院校教师社会服务的积极性；二是研究培养人才，主要是“订单培养”和为社会人员进行非学历培训；三是宽泛地讨论高校社会服务的功能、内涵、必要性，关注转变服务观念和重视机制，很少深入分析机制如何形成；四是社会服务团队培养，但真正能起到团队培养良好效果的策略与方法并不多；五是单一平台较多，特别是如何发挥高职研究所作用的较多，但从系统角度来分析的较少。本书采用系统分析的方法，从纵向和横向的角度，将高职院校立体化、多层次社会服务体系划分为立体化的社会服务体系和多层次社会服务体系两方面来阐述。

（一）立体化的社会服务体系

坚持应用型科研定位，在实用主义原则的指导下，开展应用研究，积极开展为政府、行业、企业、家庭等社会服务，提升服务行业、企业及区域经济发展的能力，以更好地实现高职院校的社会服务功能。立体化的社会服务体系主要包括科技开发服务体系、决策咨询服务体系和岗位培训服务体系等方面。

1. 科技开发服务体系

科技技术服务是指运用专业技术、知识、经验、手段及研究成果为企业提供的技术开发、培训、推广等方面的服务。科技开发服务范围涵盖理工、经济、管理等学科与专业。科技开发服务与决策咨询服务不同，它更强调提供实质性操作技术和劳动，达到规定的经济指标、技术指标等要求，并提供相应的资料与数据。技术开发服务与目前高职院

校的目标定位、设施设备、师资水平相适应，是高职院校开展科研的重要内容。高职院校科研服务平台的构建及其相关机制的协调配备，是高等职业院校科研服务功能发挥的重要基础。在现阶段，高职院校要以主动培育科技开发服务主体，构建科技开发服务平台，完善科技开发服务机制为拓展科技开发服务功能的突破口。

2. 决策咨询服务体系

伴随经济快速发展和社会深刻变革，政府、行业企业、家庭乃至个人的决策难度不断加大，对决策咨询服务的需求增加，需要专业的研究给予支撑。决策咨询服务主要是高职院校教师通过承接政府规划、行业规划与企业市场策划等项目，以委托或招投标等竞争性方式取得的，与服务对象签订服务合同书，取得一定的研究经费资助，它也是横向课题的一种形式。这种服务形式是哲学社会科学研究成果向决策咨询和公共服务产品转化，通常以方案编制、项目可行性研究、项目效益分析、市场策划、企业经营、产品销售方案等为形式，智力投入要更多一些，服务难度也更大一些，需要高职院校有较好的师资支持。高职院校在开展产学研合作方面具有独特的优势，通过决策咨询服务，以政策建议、研究报告等形式建言献策，切实发挥智库作用。

3. 岗位培训服务体系

岗位培训服务是高职院校适应学习型社会建设的需要，服务全民学习、终身学习，利用职业院校资源，广泛开展职工教育培训，积极发展多种形式的继续教育。企业对依托高职院校开展员工培训具有深切需要，这也在一定程度上影响着企业具有参与职业教育的意愿，关键是高职院校要建立与企业需要和意愿相适应的岗位培训服务体系，为其培养、培训适需产业转型和企业经营管理升级的人才。2014 年，《国务院关于加快发展现代职业教育的决定》(国发〔2014〕19 号)提出职业院校应面向未升学初高中毕业生、残疾人、失业人员等群体广泛开展职业教育和培训;并要求规模以上企业要有机构或人员组织实施职工教育培训,推动职业院校与行业、企业共建技术工艺和产品开发中心、实验实训平台、技能大师工作室等,成为技术技能积累与创新的重要载体。

(二)多层次社会服务体系

在学校外部,学校既受到其合作者的影响,同时也影响着自己的合作者。围绕学校发展,构建与环境交互作用的教育伙伴关系,并进行必要的调适,形成互动、互助、互利的资源与服务的双向参与合作机制,引导和推动学校发展。多层次社会服务体系主要包括校地、校企、校会、校校等合作共建服务平台。

1. 校地合作共建服务平台

服务区域经济社会发展是高职院校办学的基本定位,要考虑所在区域社会经济发展的特点以及对人才的需求,根据区域经济建设和社会发展的具体需要充分开展调研。一方面,要与地方政府和企业进行广泛沟通与交流,充分了解产业政策、产业布局、发展规划;另一方面,也要对区域内的人才市场和企业需求持续跟踪,深入了解区域人才需求状况,分析论证应当优先发展的学科和专业。推进校地合作共建,与产业协同创新,推动教育、科研、产业资源集聚和整合,探索建立项目化合作、资源配置共享等多样化的校地共建、共管合作体制,促进优质高等职业教育资源向经济发达的县(市)区、高新区和产业集聚区延伸。研究出台关于促进高等职业院校与地方共建的实施意见,努力实现"创办一个学院,支撑一个产业"的目标。

2. 校企合作共建服务平台

服务区域经济社会发展有利于将学校的专业研究优势和区域的产业优势相结合,转化为发展优势。职业教育仅靠学校是难以实现培养应用型人才目标的，必须依靠与企业、行业、社会的合作，共同为培养应用型人才服务，因为职业教育发展的动力来自教育外部，即来自产业、行业、公司等对职业教育的参与和支持。利益相关者理论认为企业具有参与校企合作的直接动机，企业通过参与应用型人才的培养，获得更加符合自身需求的人才，符合企业自身的利益，而当前企业参与不足的真正原因是现有的体制没有解决企业投入的回报问题，因此要研究制定促进校企合作办学有关法规和激励政策，更好地保障双方权益。与企业联合开展科技创新，向企业转让技术，为企业培养优秀经营管理团队、高水平科技创新团队，向在职人员提供高技能培训，为企业打造高素质专业技术人才队伍，提高企业的竞争能力与职业人员的职业能力。

3. 校会共建合作服务平台

职业教育与社会就业、产业转型升级紧密相关，行业是职业院校外部关系中最重要的主体，当前服务业活力凸显，传统制造业改造升级压力加大等产业变革，正在为产教融合开辟新的空间。在大众创业、万众创新的背景下，高职院校要依托行业，深化校会合作，并搭建校会合作服务平台；加强行业指导、评价和服务；加强行业指导能力建设，分类制定行业指导政策；通过授权委托、购买服务等方式，把适宜行业组织承担的职责交给行业组织，给予政策支持并强化服务监管。行业组织要履行好发布行业人才需求、推进校企合作、参与指导教育教学、开展质量评价等职责，建立行业人力资源需求预测和就业状况定期发布制度。

4. 校校共建合作服务平台

高职教育作为一种教育类型，具有高教性和职教性。同时，高职院校作为一种院校类型，各院校在相互竞争中明确各自定位，发挥各自优势，在合作服务中实现联合发展。因此，要全面动员全国高职教育战线的力量，各院校根据国家需要和自身能力，充分履行国家示范和骨干高职院校责任，积极开展面向中西部、老少边穷地区的对口支援工作，支援这些地区高职、中职教育发展，积淀、传承高职院校责任文化，广泛联合全国高职院校共同发展，赢得社会的认可和支持，推动高职教育全面、和谐、可持续发展。

第三节 浙江金融职业学院立体化、多层次社会服务体系的构建

一、顶层设计：行业、校友、集团共生态办学

2015 年 5 月，《浙江金融职业学院章程》经专家论证、网站公示、浙江省教育厅厅长办公会议审定、报教育部备案，学院成为浙江省首批通过高校章程核准并正式颁布的 4 所高校之一。《浙江金融职业学院章程》总则第六条规定，学校坚持"就业立校、服务强校、合作兴校"的办学方针，积极构建"行业、校友、集团共生态"办学模式。浙江金融职业学院是全国首批示范性高等职业院校，办学 40 年，尤其是升格高职院校十多年来，学院按照"传承行业优势、服务地方经济、培养实用人才"的办学定位，坚持"就业立校、服务强校、合作兴校"的办学方针，学院坚持立体化、多层次服务体系构建，在做活服务过程中推进校企合作与协同育人。在多年办学实践基础上，探索形成以行业为依托，以校友为纽带，以职教集团为载体的"行业、校友、集团共生态"办学模式，成为学院开展社会服务的有效载体。学校学生学历层次不高但成才率高，办学规模不大但品牌影响大，始终走在全国高职院校改革、创新与发展的前列。

(一)以行业为依托开展社会服务

行业是指从事国民经济中同性质的生产或其他经济社会的经营单位或者个体的组织结构体系的详细划分。通过行业本身所处的发展阶段及其在国民经济中的地位,往往能够分析影响行业发展的各种因素以及判断对行业的影响力度,预测并引导行业的未来发展趋势,判断行业投资价值,揭示行业风向,为各组织机构提供投资决策或投资依据。学院办学坚持以服务为宗旨,深度参与由行业主管部门牵头、教育部门保障、职业院校和行业组织、骨干企业共同参与的行业指导办学新机制。2010 年起,担任全国金融职业教育行业指导委员会副主任委员单位,充分发挥金融职业教育行业指导委员会指导、评价和服务职业教育作用,客观分析与预测行业用人和服务需求。当前,浙江省大力发展信息、环保、健康、旅游、时尚、金融、高端装备制造等七大产业,加快形成以高端制造业和现代服务业为主体的产业结构,学院要顺应产业发展需要,在服务中扩大学校影响,增强办学综合实力。

(二)以校友为纽带开展社会服务

校友是学校发展中最为重要的品牌力量,它是社会支持学校与学校服务社会的最佳结合点,学院重视校友资源开发利用和建设。早在 1995 年就成立了法人性质的校友总会,并在全国设立分会,按照"强化总会、优化市地、深化县域"的原则,加强各级校友会组织建设。在以校友为纽带开展社会服务实践中,学校把校友作为一种资源去积聚,作为一种力量去汇聚,作为一种文化去传承,作为一种人心去凝聚,作为一个平台去搭建,作为一个桥梁去架构,作为一个市场去开发,作为一个品牌去建设,形成了一大批校企合作社会服务共生体,校友成为与学校开展社会服务的合作伙伴,以校友的力量动员社会的广泛参与。

(三)以职教集团为载体开展社会服务

职业教育集团是提升职业教育吸引力、竞争力与影响力的重要载体,组建职教集团可以打通教育系统、劳动系统、企业教育系统,使它们统合成为利益共同体,实现统一管理。升格高职办学后不久,学院便牵头组建浙江金融职业教育集团,学校(高职院校、中职学校)、企业和行会三者合为一体,变原有的单边校企合作为多边、多向、集团式合作。由于其教育产品具有层次的丰富性,以职教集团为载体开展社会服务,满足企业对服务的多元需求,同时,通过解决单一院校或机构规模过小、实训设施不足、产学脱节等问题,降低职教集团社会服务成本。在此基础上,逐步探索形成职教集团开展社会服务的行为规范和协调机制。

二、学校层面:服务引领推进计划

(一)目标任务

学院是一所以“金融和高职教育”为特色的学校,已在地方金融和高职教育发展方面做出一定的成绩。在浙江省打造七大万亿级产业和国家加快现代职业教育发展过程中,通过服务引领推进计划,构建适应区域产业发展需求的服务体系。一是进一步增强社会服务的使命感和责任感;二是完善学院发展咨询委员会和产学合作委员会;三是在规划好学院社会服务定位及方向的基础上,实施“服务行业深入战略”“融入地方延伸战略”等举措,积极利用学校的资源优势为社会提供学习教育服务,开展岗前培训、岗位轮训,充分利用人才资源为行业和企业提供研究支撑和智力服务,开展校企合作行业行和校企合作园区行活动,使服务引领计划不断向纵深推进。

(二)战略举措

1. 服务行业深入战略

学院要以主动换互动,以真心换真情的思维,推动搭建以公共服务和协同创新平台为主的服务载体,开展校企合作行业行在广泛深入的合作中实现互利、互惠,使学校人才培养、科学研究和校办企业等方面协调发展。一是与浙江省银行业协会和浙江省小额信贷协会共同建立银行从业人员资格考培点。每年组织在校学生、协会成员单位员工进行从业资格考试,每年参考人数 3000 余人次,考核合格率达到 60%以上,高于全国平均水平近 20 个百分点。二是与省内主要金融机构合作组建金苑培训中心,承担岗前培训、转岗轮训、新业务新知识培训、高级管理人员研修等职能,形成多层次、立体化岗位培训体系,每年培训达 28000 人次,产生经济效益 1000 余万元。三是与中国人民银行、国家外汇管理局合作,开展银行从业人员人民币反假、外汇从业资格培训考试等工作,对在职员工和在校学生进行普遍性岗位培训。四是与浙江省人民政府金融办等单位合作,参与浙江省金融发展规划,金融企业经营管理规划方案的制订,承担纵向和横向课题数十项,产生了明显的经济效益和社会效益。五是与省内主体金融机构合作。组建浙江金融职业学院发展理事会和应用型金融人才研究院、浙江地方金融发展研究中心。常年开展金融人才需求调研和咨询恳谈,分析金融人才供需情况,研究金融人才培养规格和路径,构建金融供需相结合的有效机制。

2. 融入地方延伸战略

学院虽是浙江省教育厅直属的高职院校,但作为在杭州市办学的地方高校,需要加强与杭州市及其周边区域的合作联系,以获得更多的发展机会和发展空间。学院实施融入地方延伸战略,开展校企合作园区行，合作共建服务外包学院，探索服务地方的校地模式。作为浙江省金融创新示范县，德清县充分发挥生态、区位和产业优势，提出“5 年内打造成支撑长三角金融产业发展规模最大的金融后台服务基地”目标，将基地打造成浙江省千亿级新兴产业区和现代高端金融业转型升级的样板。金融后台服务指与金融机构直接经营活动（前台业务）相对分离，并为前台业务提供服务和支持的业务部门，如研发中心、清算中心、数据中心、银行卡中心、呼叫中心、培训中心、灾备中心等。2013 年 1 月，德清县与浙江金融职业学院、建设银行湖州分行签订战略合作协议，共同设立浙江金融职业学院服务外包学院。学院将进一步加强与德清县政府、省农信联社、德清县职业中专学校在金融服务、员工培训、人才培养的合作，搭建协同创新平台，服务大战略、大产业，创建校地合作协同创新中心，建立合作双方共赢机制，着力解决制约产业转型发展的一些重大问题，打造校地合作新典范，推进现代职业教育体系建设，加快德清经济社会转型发展。

（三）管理评价

由于受办学条件和创新意识等因素的影响，在一定程度上制约了区域中小企业对高职院校社会服务的需求。基于对这种制约因素的深刻认识，学院早在升格高职办学后，就成立发展咨询委员会，并与各大金融经营机构组成产学合作委员会。两个委员会进一步保证了学院在浙江省银行、保险、证券等领域培养一线从业人员和基层管理者的办学定位，强化了学院作为浙江省金融从业人员的主要提供力量及在金融人才培养工作中的主导作用。此外，为加强与行业企业沟通、交流与合作，积极为其提供优质服务，赢得行业企业的支持与信任，在与行业企业实践、生产实际相结合的过程中相互促进，学院先后成立了常设性的社会服务处、产学合作处、合作发展处等职能机构，负责设计和制定学院社会服务工作的考核与评价体系，对学院社会服务进行管理、考核与评价的运行，通过管理与评价实践经验的积累，逐步形成推进社会服务的长效机制。

三、系部层面：专业服务产业发展

大学的主体是教师和学生，他们是学习的主体、科学研究的主体和社会实践的主体，也是社会服务的主体。联系教师和学生的纽带是知识和技能。教师和学生通过知识和技能的连接，组成若干团队，将教学、科研、社会实践与服务结合在一起，形成跨专业、跨系部的科研项目和社会实践网络。在国家示范性高职院校建设过程中，学院从实际出发，充分利用自身优势，在"行业、校友、集团共生态"办学模式基础上，将社会服务落实到系部层面，构建以专业（群）为单元的开放合作育人和社会服务平台。2011 年，教育部、财政部颁发《关于支持高等职业学校提升专业服务产业发展能力的通知》（教职成〔2011〕11 号）等文件，启动实施"高等职业学校提升专业服务产业发展能力项目"，围绕国家和地方规划战略部署和重点发展领域，顺应现代服务业发展，推动专业设置与产业需求对接，课程内容与职业标准对接，教学过程与生产过程对接，毕业证书与职业资格证书对接，职业教育与终身学习对接，不断加强职业教育教学、科研和社会服务过程的实践性、开放性和职业性。

（一）教师：科研项目推动社会服务

一是学院教师以项目载体，对接需求与供给、理论与实践，积极开展以决策咨询服务和技术开发服务为主要类型的科学研究，并在近年来的实践中，采用省教育厅和学院访问学者、访问工程师工作计划加以稳步推进。二是在自愿申报的基础上，有计划、有重点地选派教师参加政府部门的挂职锻炼。近五年来，学院先后向德清县团委、绍兴县团委、松阳县团委、杭州市会展办、浙江省"五水共治"办公室输送了近十名教师干部，在为教师搭建挂职锻炼和实践锻炼平台的同时，提升学院服务区域社会经济发展成效。三是助力提升社科普及。学院重视加强与地方政府、各级学会及兄弟院校的合作，发动专业教师积极参与浙江省社会科学普及周等活动，公开资助出版社科普及读本 12 部，通过社科普及，提升社会公众科学意识与科学素养。

(二)学生:社会实践推动社会服务

教学必须与生产和社会实践相结合，这是毛泽东同志倡导的教育方针的重要内容之一。2012 年，教育部等七部委《关于推进高等学校实践育人的若干意见》(教思政〔2012〕1 号)，进一步强调了实践育人的重要性，明确了实践育人主要是渗透社会主义核心价值观念，贯彻向人民群众学习，从实践学习的优良品格，以实践性教学、军事训练的社会实践等为主要内容。学院强化实践育人，将学生社会实践纳入"学生千日成长"工程的重要环节，通过开展寒暑假社会实践项目、志愿公益社会服务等活动，系统设计社会实践方案，促进学生社会实践推动社会服务网络的形成。

第四节　做活培训:社会服务功能的拓展

培训服务是高职院校社会服务功能的重要拓展。培训服务即在正常的国民教育、学历教育的计划之外，高职院校单独或与培训机构合作举办一些非学历教育的在职短期培训，利用学校的教学场所、师资力量等资源，通过组织或承接部分培训项目，对企事业单位的员工进行知识培训或技能培训。这种形式的服务要求高职院校有较强的培训组织能力和较强的师资力量。

作为具有行业特色的全国首批示范性高职院校，学院培训服务机构成立较早，在升格高职办学后即与中国农业银行浙江省分行、浙江省农村信用联合社等省内主要金融机构合作成立继续教育与培训学院（浙江金苑培训中心），服务企业人力资源开发，服务学生学历提升及终身教育需求。经过十多年的规范运行和市场拓展，其已成为学院服务社会的主要窗口。继续教育与培训学院（浙江金苑培训中心）背靠学院，坚持围绕市场抓培训，整合资源抓创新，强化内训抓质量，通过做深金融行业员工培训，做优职业教育师资培训，拓展了学院的社会服务功能，创造了良好的社会效益和经济效益。

一、金融行业员工岗位培训

（一）开拓培训市场

为充分发挥职业学院服务社会的功能，利用学院优质资源为行业和地方经济服务，继续教育与培训学院（浙江金苑培训中心）根据经济金融发展形势，尤其是金融行业对经营层、操作层人员素质提高的要求，组织教师开展行业培训需求调查，加大营销力度，积极开拓培训市场。与浙江省银行业协会联合主办浙江银行业培训咨询交流会，邀请浙江省银行业协会会员单位的人力资源或教育培训负责人参加，围绕当前经济金融形势和银行业的人员招聘、培训及人力资源管理等方面的问题展开探讨，为省内市场的维护和开拓起到积极的作用。为拓展培训市场，加大了与金融机构的合作力度，先后与中国邮储银行浙江省分行、中国农业银行浙江省分行签订协议，建立仿真实训基地。在此基础上，培训部策划了针对省外商业银行的会议营销思路，向全国各商业银行发出2000余份邀请函，扩大了培训中心的知名度。

（二）创新培训项目

近三年来，继续教育与培训学院（浙江金苑培训中心）利用自身信息、知识的优势，为金融行业企业职工举办各级各类短训班，为提高企业职工水平和综合素质及增强企业的市场竞争力服务。根据需求开发出了适合金融行业中层和员工的丰富的培训“菜单”，设计覆盖银行（信用社）内部法律风险控制、商业银行经营管理理念与业务创新、高效沟通技巧、综合柜员业务基础及野外拓展训练等培训项目近百个。培训对象主要有金融业中层干部、客户经理、会计、风险经理、综合柜员及新员工等，通过授课、操作、实践、观摩培训教学片等培训形式，面向企业职工开展培训，满足金融机构技术、管理和服务转型创新发展的新需要。2013 年举办金融业经营管理人才培训班等各类培训 67 期，参训学员 4399 人。2014 年举办商业银行一级支行行长培训班各类培训 98 期，参训学员 6422 人。

（三）整合培训资源

在丰富和完善现有培训项目的基础上，进一步与培训公司合作，引进了新的培训项目与师资，拓展了新业务。与深圳华师培训经纪公司深入合作，进一步启动了营销服务一体化网点转型培训咨询项目。今年在义乌农商银行的 4 个网点，在深入调研的基础上，做了针对性不同的项目实施试点，效果较好。此外，培训中心还与浙江省企业培训师联合会、Talent Q、美国管理协会等建立了合作关系，拓展了高层次师资的来源，努力开拓新的培训咨询项目。如开展岗前、在职、转岗、晋升等环节的人力资源咨询服务与培训，开展人力资源代理招聘、人才测评、人才考核和人才发展等，努力把培训业务拓展到人力资源的各个环节，拓展培训新业务。

（四）提升培训层次

在做好传统培训的基础上，引进了银行新型培训项目，培训层次明显提升。如网点转型、银行TTT内部培训师阶梯式培训项目、银行培训与教学片的制作等。2014年，继续教育与培训学院（浙江金苑培训中心）受金华市银监分局和金华市银行业协会的委托，举办了3期金华市各商业银行一级支行行长（正职）以上的行长培训班，参训学员共有300余名。在培训项目与培训师资安排上精心策划和设计，参训学员对课程设计合理性、培训内容与实际工作联系度，以及培训组织管理的满意率达到了100%。在此基础上，又成功举办了丽水人行、嘉兴人行、衢州人行、温州人行中层以上干部读书班，以及金华农行、义乌农商银行中层以上干部培训班。中高层次培训班较去年明显增长，为进一步拓展培训中、高层市场打下了良好的基础。

二、职业教育师资培训

学院职业教育师资培训依托学院首批国家示范性高职院校的优势，利用全国金融职业教育师资培训基地的有利条件，为全国高职院校、中职院校专业教师和管理骨干开展师资培训，极大地拓展了学院的社会服务功能。学院职业教育师资培训大体经历了国家示范性高职院校建设期间和国家示范性高职院校建设后两个阶段，前一个阶段主要以学院层面为主开展培训，后一个阶段以系部层面为主开展培训，本书将分别进行描述与分析。

（一）学院层面

国家示范性高职院校建设初始，2007年1月，“全国金融职业教育师资培训基地”在学院揭牌，而后，通过举办论坛研讨和专题研修的形式，分别于 2007 年 5 月举办高职高专院校金融专业课程骨干教师培训班；2008 年 12 月主办“财经政法教育旅游类国家精品课程（高职）建设高级研修班”；2009 年举办高职高专金融专业课程建设培训项目、理财规划骨干教师培训项目，高职高专财会类专业骨干教师培训项目、财会类精品课程建设项目，国际贸易实务专业人才培养及外贸业务操作能力骨干教师培训项目等 5 个项目；2010 年举办全国首届高职高专财经政法类专业带头人研修班、高职高专财会类特色专业建设师资培训班、全国高职高专院校国际贸易实务专业人才培养及外贸业务操作能力培训班、第二届全国高职高专财经类课程建设论坛等 4 个项目；2011 年 3 月，在全国高职高专教育教师培训联盟年度工作会议上，学院被授予“2010 年度全国高职高专教育教师培训工作优秀培训单位”荣誉称号；2014 年 5 月，受浙江省教育厅委托，学院承办了浙江省高职高专院校（人文社科大类）专业带头人培训，受到省教育厅及参训老师的一致好评。

（二）系部层面

近年来，学院高职院校师资培训工作得到学院系部的积极响应，自 2011 年至 2015 年，学院先后承担了教育部高等职业学校会计、市场营销、电子商务、投资与理财、保险实务、金融管理与实务、国际贸易实务等共 20 余个专业骨干教师国家级培训项目和浙江省中职院校会计、国际货代双师素质会培训等省培项目。2013 年高职师资国培项目和省培项目的申报过程中，各系部共推荐 8 个项目参加国培项目的申报，投资与理财专业培训、国际商务实务专业培训和房地产营销策划顶岗培训等 3 个项目获批为国培项目，投资与理财专业培训获批为省培项目。2014 年成功申报并通过了 9 个国家级 2014 年度高等职业学校专业骨干教师培训项目，4 个高职省培项目，4 个中职省培项目。近 800 位来自全国各地的老师参加了培训，培训班圆满完成教学、实训环节，得到了参训老师的高度评价。

第五节　做活经营:社会服务功能的增进

美国教育家布鲁贝克在《高等教育哲学》一书中指出,实际发生的事情是,贯穿19世纪的不断加速的工业革命的力量,给学院和大学所发现的知识以越来越现实的影响。麦奇路普(1962)后来所称的"知识产业"出现了。[①] 高等院校的经营实体就属于这种知识产业的范畴。

一、经营实体的法人制度和产权结构

1. 经营实体的法人制度

现代意义上的法人制度是1900年的《德国民法典》首先确立的,其后逐渐成为社会经济生活中的一项基本的法律制度。法人是具备主体资格的组织体,能够独立地享受权利、承担义务和责任。[②] 法人的目的,在其"生命"之"维持"与"延续",先求维持,再求延续。经营实体是指高等职业院校及其下设机构、专业、教师所开办的经营性企业或单位,是高职院校科研服务社会的重要和有效的平台。经营实体要求具有较高技术水平,能发挥学校专业技术优势,面向社会提供专业技术和产品服务。这里主要涉及专业性问题,即专业研究实践与生产经营的关系。高职院校应考虑通过人员流动、项目研究等机制的构建,实现两者的有机结合和长效互动。高职院校应鼓励各专业群、专业、教师通

① [美]约翰·S.布鲁贝克:《高等教育哲学》,王承绪、徐辉、郑继伟、张维平、张民选译,浙江教育出版社2001年版,第17页。

② 江平主编:《法人制度论》,中国政法大学出版社1994年版,第68—69页。

过开办经营实体来提供科研服务并积极为经营实体的开办创造良好的条件，如提供必要的启动资金支持，建立相配套的业绩评价与认可机制，建立合理的风险隔离机制等。

2. 经营实体的产权结构

法人制度建立有赖于产权的明晰。在我国，公办学校为非企业法人，属于由国家拨款兴办的事业单位法人。而学校投资兴建的实体是学校产权结构的重要组成部分，学校法人财产权对确立学校投资兴建的实体建设中的责、权、利关系具有重要作用。因此，高职院校开办经营实体，产权结构主要涉及的是效益性问题，即经济效益与社会效益的关系。经营实体要实现财务上的可持续发展，就不能长时间脱离经济效益；而经济效益又可以为社会效益的发挥提供坚实的经济基础，是社会效益提升的保证。此外，高职院校所开办的经营实体，应当承担更大的社会责任，除了直接发挥社会效益外，更要重视通过高职院校这一间接渠道来承担社会责任。

二、杭州资信、众诚资信：学院服务社会的主阵地

学院独资的杭州资信评估公司（以下简称杭州资信）和学院控股的浙江众诚资信评估有限公司（以下简称众诚资信）是学院独立经营的企业实体，以推动社会信用体系建设为己任，是学院服务社会的主阵地。杭州资信评估公司成立于 1992 年 12 月，是浙江省最早专业从事企业信用等级评定的第三方评级机构。浙江众诚资信评估有限公司，注册于 2003 年 6 月，由杭州资信评估公司作为主要投资人发起成立。经过二十多年的经营，杭州资信、众诚资信已经成为浙江省最具影响力的信用评级机构。

杭州资信、众诚资信是学院服务社会的主阵地，主要体现在以下

四个方面:一是信用评级浙江省业务规模最大,历年完成信用评级的企业数量一直位于同行前列。二是信用评级业务范围最广,目前省内业务已完全覆盖全省所有11个地市,省外业务范围已延伸至北京、上海、天津、深圳、广州、山东、江苏、江西、福建等9个省市。三是信用评级业务资质最全,目前已具有企业主体信用评级、大企业大集团信用评级、担保企业信用评级、商业承兑汇票信用评级、社会性行业组织信用评级、招投标专项领域企业信用评级、农户信用评级等资质。四是信用评级业内地位显著,公司是中国银行间交易商协会信用评级专业委员会成员单位,是浙江省信用协会副会长单位、浙江省企业信用促进会信用服务行业协会常务副会长兼秘书长单位、杭州市经纪人协会常务理事单位、杭州市信息协会副会长单位。公司多次被杭州市委、市政府授予"中介服务业示范企业(机构)""现代服务业先进单位"和"社会责任建设先进企业"等荣誉称号。

三、做活业务:社会服务功能的增进

(一)打造核心业务

杭州资信、众诚资信以借款企业主体信用评级为核心业务,而评级企业数据库一直是杭州资信和众诚资信评级工作的亮点之一,两公司技术服务与研究中心根据业务部门提出的需求,对评估文本和指标体系做了修订,并新开发了小微企业评级系统,为公司的业务发展及规范管理提供了有力的技术保障。设计制订了近70个行业的信用评级指标体系,且自主开发了功能全面的评级软件系统及信息数据库,目前在库企业达8万余家,信息累计达1000余万条。杭州资信、众诚资信与企业客户和金融机构密切保持沟通联络,保证评级信息的及时、有效和真实性;前往各个业务覆盖区域为企业开展评级业务培训,进一步延伸评级服务;在评级过程中全面执行标准化评级流程,规范、有序地做好调查、访谈、报告、审批等作业流程的评级管理，严格把关评级质量，并加强对参评企业的跟踪监测力度。

（二）拓展衍生产品

近年来，杭州资信、众诚资信积极开拓浙江省招标投标领域信用评级、融资担保机构信用评级、小额贷款公司信用评级、社会组织信用评级等信贷市场评级衍生产品业务市场。新业务的积极拓展，不但有利于提升评级技术，也为评级产品的丰富和推广创造了条件。作为首批获得浙江省招标投标领域企业专项信用评级资质的评级机构之一，杭州资信与众诚资信将修订完善指标体系与参评工作同步开展，严抓评级流程及报告质量，对工作底稿进行梳理和自查，并在浙江省信用中心领导小组检查中受到肯定。2013 年，众诚资信作为全国六省市 16 家试点评级机构之一（全省三家机构之一），认真贯彻落实央行文件精神，在人民银行、省中小企业局和省金融办等相关部门的组织领导下，积极探索融资性担保公司和小额贷款公司信用评级。此外，众诚资信连续 5 年成为唯一中标杭州市担保机构评级项目的评级机构。

（三）完善评级标准

为有效适应经济环境的发展变化，提高评级标准的实用性，保证评级结果的科学性和有效性，杭州资信和众诚资信专门成立了指标体系修订小组，开展借款企业主体信用评级指标体系修订工作。指标体系修订专项小组参照最新的行业标准，适当增删了公司现有的行业分类，以满足新兴行业的评级需求；对现行评级指标体系和评级结果进行历史数据验证，并通过科学合理的修订，对各项指标进行细化优化，以确定一套基本保持稳定的指标体系，真实反映企业周期性变化和行业差别，保证评级标准的连续性和评级结果的可比性。为配合新增业务的稳定开展，众诚资信于 2013 年专门研发了台州地区小微借款企业信用评级指标体系，根据浙江省，尤其是台州市小微企业行业、区域及经营特点，创新了评价体系设计，专门研发、设计了小微企业信用评价标准。

（四）推动信用建设

公司积极参与“信用浙江”建设，协助省发改委、省信用中心、信用办等部门设计起草了《浙江省重点建设工程招标投标企业专项评级的指标体系标准》《信息元采集与格式标准》《信用服务机构自律公约和收费标准》；应中国人民银行征信管理局邀请，参与中华人民共和国金融行业标准《企业征信数据元及采集格式》《信用评级违约率数据元及采集格式》的起草，以及《中华人民共和国金融行业标准：信用评级规范》《征信标准体系框架（草稿案）》和《征信标准体系框架编制说明（草稿案）》的修订工作。公司是全国第一家发布《信用服务机构社会责任报告》的信用评级机构，负责起草《浙江省企业信用管理标准（试行）》和《信用服务行业标准》。组织编写浙江省信用管理师职业培训和职业技能鉴定教材《企业信用管理基础》与《企业信用管理实务》，开发“信用管理师”试题库，推动浙江省信用管理师的考评工作。

（五）产学研合作

浙江舟山群岛新区获批后，众诚资信受中国人民银行舟山市中心支行委托编制“浙江舟山群岛新区信贷企业信用综合指数”，历经两年完成，这是国内首个以“海洋经济”为主题的信用综合指数。公司与学院合作开办信用管理专业，利用较大的外部合作网络和资源，全方位参与信用管理人才的培养。公司加强与高校、科研院所、行业协会的合作，成立浙江众诚会计与信用研究中心，主要承担各种纵向和横向研究课题，如企业和区域信用体系建设提供科研服务，致力于信用评级理论、方法、技术、产品和服务的改革与创新。先后于 2010 年和 2013 年两次承办“杭州市中小企业信用与担保体系建设”大讲堂。

第四章

做强校友会

办学 40 年来，浙江金融职业学院（前身为浙江银行学校）已经为遍布全省乃至全国的各金融机构、地方经济部门输送了 5 万余名优秀应用型金融人才，从业人数约占浙江省金融从业人数的 1/4，其中大部分校友已成为行业骨干，易会满校友成为全球最大银行——中国工商银行行长，楼文龙、何兴祥等 10 余名校友成为总行级金融机构高管，100 余名校友成为一级分行及以上金融机构经营高管，约 5000 名校友已成为支行长及以上各级经营管理者。校友群体已形成学校凝聚资源、传承文脉、扩大交流、促进发展的重要力量。

学校在办学过程中，重视校友资源的开发、整合和利用，不断加强校友会建设，成立了具有法人资格的校友总会，同时成立地方校友会，并按照“汇聚力量，积聚资源，凝聚人心”的目标，学院校友总会与各地分会根据不同时期的金融、经济形势和学校、校友的发展、变化情况，定期组织活动，按期换届，使校友会组织不断完善、健全。在这 20 年间，校友总会积极开展各项促进母校繁荣发展的活动，使之成为支持、帮助学校建设、发展的重要渠道，在理论和实践上进行了积极的探索，取得了明显成效，已成为著名品牌。

第一节　校友的内涵与价值

一、校友的内涵

我国大学一般认为“校友”就是曾经在同一所大学接受全日制和业余制学历学位教育的学生（研究生、本科生、专科生、夜大生、函授生）和非学历学位进修培训的学员以及工作过的教职工。国外的一些大学对“校友”的定义范围更宽、更广泛，把曾经在该校接受过学历和非学历教育的学生学员和工作过的教职工，以及对学校做出过贡献的客座教授、兼职教授、社会知名人士等都认定为校友。

我们对校友的定义与国内大学对校友的理解大致相同，是指在浙江金融职业学院（前身浙江财政银行学校、浙江银行学校及其合作办学的相关院校）学习过的学生以及工作过的教职工。通过多年的校友工作实践，我们比较认同国外大学对“校友”的定义，无论是在学校学习培训过，还是在学校工作过，以及关心支持学校发展并为学校建设发展做出各种贡献的都认定为学校校友。据此，我们认为，校友是一种资源，要加以关注和开发，以此来推进学校的可持续发展。

二、校友资源的价值

校友资源是校友自身作为人才资源以及校友所拥有的财力、物力、信息、文化和社会影响力等资源的总和。一批批走出校门跨入社会的校友，在不同时期、不同行业、不同地区，以不同方式，对社会各方面产生影响，与母校、社会发生着或隐或显、或多或少、或直接或间接的联系。对学校发展和声誉而言，校友资源是一个非常珍贵、有待深入挖掘的宝库。

(一)校友是母校最生动的品牌形象

校友是母校的名片，是母校在社会公众中最直观的形象品牌。校友在社会上所取得的成就和获得的社会认同，直接影响着母校的形象。校友的表现好坏、业绩状况决定和影响着母校的声誉，影响着母校的成长和发展，决定着母校的社会地位。校友在社会上认同度越高，母校的美誉度也越高。广大校友取得的工作成就，直接增值了母校的无形资产。包括设立各类基金和奖学金，捐建教学楼、图书馆、实验室等，以及对各类活动、庆典日的捐款和各类主题的长期捐款等多种形式的校友捐赠为学校发展提供经费、经济支持，助力学校建设。校友与母校之间一脉相承的文化渊源有着千丝万缕的联系，使母校精神在校友身上得以传承、延续，同时通过返校联谊和学术交流等多种形式的互动，不断地创新和发展着母校的精神和文化。

(二)校友是母校人才培养的宝贵资源

开展校友工作，管理校友资源，通过对校友和校友所在单位的调查，获取关于母校建设发展、教育教学等方面的意见、建议，建立快速有效的评价反馈机制，对母校迅速准确把握社会对人才培养的需求及变化情况，调整办学目标、培养方案和教学内容，推动专业建设和人才培养的发展和完善，适应社会发展需要，促进母校管理体制创新具有重要意义。校友是学校与政府、社会沟通的重要桥梁和纽带。做好校友工作，借助校友资源，与校友所在单位或其介绍的单位开展合作，联合共建实验室和实训基地，为学校争取横向科研课题和项目，推进学校科研成果的转化工作，使学校科研成果得到有效运用。通过这些途径，有效提升学校的科研能力和水平，促进产学工作发展，服务地方经济和社会发展。

（三）校友是母校育人的精神财富

开展校友工作，开发校友资源，为在校生提供生动的思想道德教育素材和切近的职业生涯规划参考。邀请在各行各业里做出成绩的校友回校为在校生做报告，通过杰出校友访谈、新闻报道、校友通讯、校友人物传记等形式，展现其成长历程、奋斗经历和感人事迹，激励和引导学生，培养学生世界观、人生观、价值观、成才观、择业观，这也是开展在校大学生思想政治教育和成才教育的重要途径和有效手段。就业乃民生之本，高职教育办学以就业为导向。毕业生能否顺利上岗就业，能否实现优质就业，是衡量一所学校办学水平的重要标志。广大校友的自身力量和社会影响，可以帮助解决众多历届毕业生的就业或者为之牵线搭桥，成就学弟学妹的事业发展，为其人生价值的实现创造条件，这是学校教师及在校生不可替代的可贵资源。

（四）校友是引进人才的有效途径

开展校友工作，合理开发校友资源，一方面，除充分开发校友本身资源使其从潜在的可能性变成现实，还可以通过校友的举荐使校友所在领域的人才资源为母校发展、教育教学做贡献。另一方面，通过聘请专职或兼职教师的灵活形式，尤其是聘请在实际工作中有突出业绩和实际经验的校友返校授课或做讲座，对学生理论学习进行指导，是高职院校加强兼职教师队伍建设、补充师资力量、提升教学水平的有效途径。

第二节 校友组织与体系建设

一、校友会组织建设

(一)校友总会建设

自办学以来,学校把校友工作作为学校事业发展的重要组成部分,致力于共同凝聚校友力量,培育优质人才,铸就金院品牌。学校按照“总会加强、地市完善、县域延伸、省外拓展、海外联络”的组织建设原则,完善校友工作机构。1995年学校成立了具有独立社团法人资格的校友总会(2011年被省民政厅评为4A级社会团体),为广大校友营造了一个精神家园,并将“成就校友的名园、成长校友的乐园、全体校友的家园”作为校友会建设的工作目标。

1994年12月,浙江银行学校召开校友会筹备工作会议,讨论决定组建校友会,同时向浙江省民政厅申请成立浙江银行学校校友总会。1995年4月,浙江省民政厅正式批复,同意浙江银行学校校友总会为社团法人组织。随着学校升格为浙江金融职业学院,为更好开展校友工作,2009年4月经浙江省民政厅批准,更名为浙江金融职业学院校友总会。校友总会自成立以来,一直重视组织建设和工作连续性,至今已按章程正常换届到第四届理事会组织。

1995年5月9日,在浙江银行学校大礼堂举行浙江银行学校校友总会成立暨第一次校友代表大会。大会通过校友总会章程及组织机构,72位校友当选为第一届理事会理事;会上向全体校友发出捐资兴教、关心母校发展的倡议。1999年5月15日,在建德召开校友总会第二次会员代表大会。会议选举产生由78位校友组成的第二届校友总会理事会;会上向全体校友发出为母校的教学和学生实习、就业等创造便利条件，支持母校提高教学质量和水平的倡议。2004 年 5 月 22 日，在安吉召开第三次校友代表大会，会议选举产生由 106 位校友组成的第三届校友总会理事会；会议向全体校友发出“加强学习、提高素质，认真做事、诚实做人，互相帮助、共同发展，关心母校、延续品牌”的倡议。2009 年 5 月 9 日，在学校召开第四次校友代表大会，会议选举产生由 188 位校友组成的第四届校友总会理事会。

(二)地方校友会建设

地方校友会作为校友总会的分支机构，是做好校友工作的基础，是提高母校地方影响力的重要力量，是团结各地校友、促进母校与校友联系的重要纽带，是弘扬母校优良文化和传统、打造学校品牌的重要阵地。学校按照完善地市分会，拓展县域校友会的原则，关注地方校友会的建设，指导协助地方校友会完善组织机构，搭建平台，开展校友活动。

为促进地方和区域校友工作的开展，搭建校友与校友、校友与母校之间联系的桥梁，充分发挥地方校友会的功能和作用，帮助校友成才成长，凝聚校友力量，发展校友事业，进一步推进校友为地方经济发展和母校发展献计出力，学校从 1995 年开始在全省 11 个地市组建校友联谊组织。1995 年 9 月 16 日，浙江银行学校温州校友会成立。随后，浙江省内 11 个地市校友会相继成立。从 2008 年开始，省外校友会相继成立，5 月 18 日成立上海校友联谊会，10 月 25 日成立北京校友联谊会。2009 年 3 月 21 日，成立首家县域校友联谊组织——桐庐校友会，标志着校友工作向县域深化延伸。随后，各县校友纷纷筹建成立校友联谊会组织，截至目前，已有 43 个县域成立校友会组织。同时，各系部为更好地开展校友工作，陆续成立区域性的系部校友联谊组织。

校友总会的成立及四次校友代表大会的召开，以及各地校友会的相继成立，使校友会组织体系逐步健全，更重要的是，在每一届理事会的带领下，广大校友根据总会工作计划开展了大量卓有成效的工作。校友组织建设的完整和规范运行，架构起立体化的校友服务工作网络，搭建了校友学习交流的网络平台，推进了校友工作组织规模的扩大和机构的完善，极大地便利了校友工作的开展和校友间的互相学习和沟通交流，充分发挥了省内外和基层单位广大校友在学院建设和育人工作中的积极作用。

二、校友工作体系建设

校友工作是立足校友需求、紧密师生、沟通情感、合作交流、服务反馈的系统工作。学校在办学过程中始终认为，校友是学校的名片和品牌，校友群体是学校建设发展牢不可摧的坚强依托，是学校上下情感联系、精神凝聚、力量积聚的重要基石。学校在承担学生成才、教师发展、社会进步等重要责任的同时，对校友亦承担着文化的传承和推进校友在岗位上可持续发展的责任。为此，学校重视和加强校友工作，建立起长效工作机制，强化工作责任落实，确保校友工作正常有序有效开展。

（一）将校友工作纳入学校发展议程

近年来，学校顺应高等职业教育发展趋势并积极履行育人使命，学校充分发挥校友主体的主动性和创造力，创新性地构建了“行业、校友、集团共生态”办学模式，将校友主体纳入其中，与企业单位、职业教育集团强强联合，在对接人才培养、实施产学合作、深化校企融合等方面携手合作，为校友个体事业的发展提供多方契机。学校党政班子高度重视校友会工作，党委会或院长办公会议每年至少专题讨论校友工作一次，布置和安排校友工作，现场解决校友工作中的重要事项；学校设立校友工作领导小组，明确由分管校友工作的领导统筹协调全校性校友工作的开展；学校设立专门的校友会秘书处和校友工作办公室等校友工作机构，配备专职工作人员负责日常校友工作，安排校友工作专项经费；各地校友联谊会建立秘书长队伍，便于校友会工作开展、交流学习、联络联系；建立校友工作二级机制，原浙江银行学校学习、工作的校友主要由校友联络办公室联络协调，浙江金融职业学院毕业生由所在系对口联络协调，教学二级单位指定专门负责校友工作的教师，便于系部校友工作的开展；在学生中建立校友桥联谊会学生社团组织和在校生校友工作志愿者队伍，负责在校学生的校友相关工作和在校生校友意识的培养；在历届毕业班中聘请校友联络员队伍，加强历届校友的联系联络，及时获取校友信息，增进校友沟通交流。

（二）建立校友活动和推进制度

校友会实行会员、理事、常务理事制度，有效开展规范化工作，定期组织会员代表大会、常务理事会、理事会、秘书处工作会、会长例会，定期或不定期组织校友联谊活动，有计划、有步骤、正常化的活动，保证校友工作规范化和校友学习交流常态化。通过定期召开校友工作推进会，统一思想，达成共识，倡导全员校友工作和服务校友意识。学校每五年召开一次全校性校友工作会议，每年定期规划、研讨校友工作，围绕学院阶段性工作重心和年度特定主题，全面制订校友工作计划，落实校友工作内容，创新工作形式，确保校友工作的参与度与服务工作的实效性。在校师生以“金院人”的自豪感与主人翁精神主动参与各项校友工作，积极构建全校师生、广大校友密不可分的友情网络、形成和谐融洽的学校氛围。

（三）领导、干部、教师联系校友会制度

为加强母校与各地校友会的联络联系，学校建立校友会联络机制。学校领导联系机制，学校领导分别联系 1—2 个地区及若干个所辖

县校友会；系部、中层干部联络机制，配合学校领导联系相关校友会；教师联络机制，发动和聘请热心校友工作，原籍在校友会所在地的教师，负责相应的校友会联络联系，每个系部联系1—2个校友会，有利于激发系部开展校友、促进产学合作的积极性。同时学校领导每年定期率队赴各地走访校友、调研校友工作，广泛获取需求信息，及时完善各项工作，保持与校友的良性互动，加强母校与地方校友会及各届校友的联络联系，深化了校友与母校的情谊，备受各界校友的好评。

(四)校友回校活动日

学校将每年11月第一个周末为校友回校活动日，每年5月最后一个周末为校友回访母校日和每年11月第一个周末召开校友大会制度化，邀请各届校友回校团聚、共叙情谊，畅通校友与母校、校友与校友之间的联系渠道，并将之打造成为一种广受社会认可、深受校友欢迎、具有良好口碑的品牌活动。校友年度大会每年吸引近千名校友参与，受到社会各界的广泛关注。学校于每年7—8月举行各地校友会会长读书班，在交流校友工作心得的同时，互相交流工作体会和学习业务经验。校友会在每年3月第一个周末开展校友登高文化节，组织校友进行户外健身和交流学习活动。这些制度性的安排，为学校和校友交流沟通学习提高都提供了方便。

第三节 校友工作理念与思路

一、理念上重视校友工作

所谓“理念”，是指人们对某一事物或现象的理性认识、理想追求及其所形成的观念体系。要做好校友工作，做强校友会，校友工作的正确理念是前提。理念正确并付诸实际，校友工作的价值就能充分、有效地释放，最终实现做好校友工作，做强校友会的目标。校友工作理念是指导校友工作设计和开展的理论基础与主导价值观，是校友工作的重要组成部分。学校在开展校友工作过程中，注重校友工作理念的提炼。学校自办学以来，历届领导班子和广大教师都十分重视校友工作。

（一）调整阶段

2000 年学校从中国人民银行划转浙江省管理，学校办学面临体制上脱离金融系统的转型困境，学校召开校友工作研讨会，并会同校友总会领导班子，策划和组织了在 11 个地市分别举办“同携手，共发展，母校与您心连心”大型系列活动，对学校管理体制调整后，巩固和挖掘与金融行业的合作办学起到了重要的纽带作用，同时，也温暖了校友的心，开创了校友工作的新局面。

（二）巩固阶段

2004 年上半年，学校做出“全面建设示范性高职院校，精心打造活力金院、特色金院、品牌金院”的重要决策。为此，2004 年 6 月学校召开由全体教职员工参加的校友工作会议，这是建院后校友工作的又一个里程碑式的会议。会议以“凝聚校友力量，铸就金院辉煌”为主题，明确提出“要把校友作为一种资源去开发，要把校友工作纳入学校工作重要的议事日程，要进一步推动学校与校友、校友与校友之间的联系，要力所能及为校友办实事，办好事，赢得校友的广泛信任”，校友工作显著加强，并取得明显的成效。

（三）深化阶段

2006 年 12 月，学院成功进入国家首批示范性高职院校建设行列。为推进学院品牌建设，有力支持国家示范性高职院校项目建设，全面构建“诚信文化育人、金融文化育人、校友文化育人”三维文化育人体系，彰显校友会工作特色，展现校友工作新水平。2007 年 6 月学院又一次召开校友工作会议，提出“巩固成果，深化联络，以 2300 活动为载体，推动校友工作再上新台阶，以丰富‘行业、校友、集团共生态’的办学模式实践”，巩固“母校服务校友，校友回馈母校”的长效机制，促进和推动学院国家示范性建设，构建校友的发展环境和重要支持力量的校友工作目标。

（四）提高阶段

2015 年是学院办学 40 周年，同时也是校友总会成立 20 周年。学院党委提出“凝聚全中国校友力量，建设高品质幸福金院”的目标。2015 年 5 月，学院召开第五次校友工作大会。党委书记周建松在会上做《不断完善校友工作体系，努力推进金院基业长青》的讲话，会议要求在新的历史条件下，从更高、更全面的角度进一步唤起广大教师和干部对校友工作重要性的认识，进一步增强做好校友工作的自觉性和主动性，着力构建起更为全面、更为完善的校友工作体系，努力把我校的校友事业推向新的高度，真正能够惠及每一位校友。

二、行动上推进校友工作

学校认为校友是学校人才培养质量和办学品牌的彰显，是学校宝贵的无形财富。服务校友成长，助推校友事业发展，不仅是一种人文关怀的体现，还是学校优秀文化的传承，更是一所学校办学品质的象征。升格高职以后，学校先后召开四次由全院教师、干部及部分学生、校友代表参加的校友工作会议，确立了不同时期校友工作的着力点，学校明确了“凡是在浙江金融职业学院、浙江银行学校、浙江财政银行学校学习、工作过的同学、同志都是校友，学院所有教职员工既是校友，更是校友工作的主人"的思想,号召教职工重视、参与校友工作,在校友工作中发挥作用,切实把校友工作提高到一个新的水平。

(一)关爱每一位校友

学校在校友工作中秉持"关爱每一位校友"的理念,持续不断地在校友学习、工作、事业发展的各个阶段倾注关怀、倾力扶持,为校友成长和发展搭建平台。为助推校友成长和发展,学校成立具有独立社团法人资格的校友总会,为广大校友营造精神家园。并按照"积聚资源、凝聚人心、汇聚力量"的目标要求,致力于母校事业发展与校友事业发展的良性互动,探索形成了学校自身发展和社会力量支持办学的最佳结合机制,得到了广大校友的积极响应,堪称学校独特的、响亮的校友品牌。

2000 年开始,学院进一步明确观念,从更高层面、更广视野对校友的含义进行界定,将凡在浙江金融职业学院(前身浙江财政银行学校、浙江银行学校)学习、工作过的教工、学生和学员,承认校友会章程,均系校友,学校上下都会真心实意地致以关怀、提供服务。学校在校友工作中强调"以校友为本",把服务校友作为校友工作发展的立足点,进一步树立校友资源开发意识,强化校友与母校之间的良性互动,把校友和校友事业的发展作为衡量校友工作的重要标尺。学校领导每年定期亲自率队赴全省各地市走访校友、调研校友工作,广泛征求意见,获取需求信息,及时完善各项工作,保持与校友的良性互动。

(二)凝聚校友力量,铸就金院辉煌

2004 年以来,学校以"凝聚校友力量,铸就金院辉煌"为目标,明确提出要把校友作为一项资源去开发,进一步推动学校与校友、校友与校友之间的联系,力所能及为校友办实事,办好事,以赢得校友的广泛信任。学校在总结过去工作经验基础上,明确提出,校友工作要始终以

"推进校友事业和学院事业共同发展"为愿景，以"助推校友成长、成就母校发展、促进经济繁荣"为方针，牢固树立"巩固老校友、开发新校友、重视成就校友、关注弱势校友、拓展省外校友、联络全球校友、提升全体校友"理念，把服务好校友作为自身的责任，把服务校友作为校友会的价值追求。为使校友工作、母校品牌发扬光大，必须调动成就校友的积极因素；为使校友工作继往开来，后继有人，不断壮大，需同时做好新校友开发工作；为使校友工作更有人情味，更有吸引力，必须关心弱势校友，帮助弱势校友解决困难，以真正使浙金院成为和谐共融的大家庭，让更多的校友向心于母校，建立更为健全的校友工作体系，推动和谐校友事业的形成。

(三)凝聚全中国校友力量、建设高品质金融教育、打造第一流发展平台

2009年以后，根据学校发展的新形势、新任务，校友工作理念进一步系统化，确立起"凝聚全中国校友力量、建设高品质金融教育、打造第一流发展平台"的校友工作理念，切实使校友力量成为学校发展的重要力量和主要生长点。通过以"强化总会、优化市地、深化县域、美化网络"为抓手，进一步加强各地各类校友组织建设，致力于为广大校友搭建沟通交流相互提升的平台。在工作中，学校关心、支持、鼓励校友的成长发展，以"激扬高层、激发中层、激活基层、激情整体"为路径，努力在发挥高层校友积极性的同时，调动广大基层校友的积极性，并把中层校友的作用发挥得更好，最终调动全体校友的激情，充分发挥好每一位校友的作用，整体推进"2300校友育人活动"，即"千名学生访校友，千名校友回课堂，百名校友上讲坛，百名校友话人生，百名教师进企业"的校友文化建设，既培养和调动了校友们的热情，也锻炼了校友队伍，促进了校友的成长，更构建了校友与母校良性互动的机制。为真正把母校打造成全体校友温馨的港湾，学校提出尽心尽力把校友会组织建设成为“成就校友的名园、成长校友的乐园、全体校友的家园”的目标。

在优秀理念的引领下，各届校友通过捐资兴教、奖学助学、合作育人、文化景观建设、产学合作、促进就业等形式，为学校发展添砖加瓦、献计献策，推动校友会成为团结各届校友、集聚学校办学资源的重要载体。

第四节　校友文化育人与作用

校友文化是凝聚校友、吸引校友的力量源泉，是传承学校精神、扩大学校影响、增强学校合力、促进学校发展的重要载体。学校需要以宽广的胸怀接纳、关爱每一位校友，更需要用强有力的臂膀扶持、帮助校友发展。无论是校友个体的快速成长，还是校友事业的不断提升，学校的支持将为校友们架构起通往成功的桥梁。带着这份对校友文化的深刻理解，浙江金融职业学院在校友工作的深化发展中，积极培育校友文化，着力构建与校友、行业紧密合作的办学育人新机制，发挥校友文化在素质教育中的作用，围绕校友的可持续发展加力、加速，为校友文化的积淀繁荣积极出力，积极推进文化育人成效。学校“校友文化”品牌亦获得教育部 2011 年高校校园文化建设优秀成果奖。

一、校友捐建文化景观，营造文化育人环境

在母校建设发展的各个历史阶段，校友会和广大校友都给予了极大的关心与支持。2000 年学校升格高职办学以后，各地校友会积极组织校友开展捐资助教活动，一如既往地给予母校关心和支持，以极大

的热情投身于母校的改革与建设，支持金融教育事业。从2003年开始，在校友总会的倡议下，各市级分会及北京、上海校友联谊会先后为母校捐资建造校园文化景观，现已建有“立”“缘”“竞越”“传承”“思源”“问鼎”“惜时”“孕育”“明理亭”“嘉秀廊”“金融林”“信息港”“心欣向阳”“未来印迹”“茁壮成长”等15个文化景观，还有校友以班级或校友个人名义捐资认养的树木，这些项目传承了校园文脉，丰富了校园文化内涵，优化了育人环境，渲染了文化氛围，体现了广大校友对母校的殷殷之情，营造了浓厚的文化育人环境和氛围，使在校生徜徉在满目青翠的校园，到处是文化景观，潜移默化中感受到文化的魅力和熏陶。深切感受广大校友对母校的深情厚谊和对学弟学妹们的殷切期望，以“润物细无声”的方式陶冶情操，启迪心灵，激发热情。

二、设立校友奖学金，营造奖学励教育人氛围

通过校友们的积极沟通和组织发动，许多金融机构和校友企业单位出资在母校设立专项奖学金，以表彰优秀学生、鼓励学生成才成长，共设立了“浦发”“广发育才”等奖学金，“中信”“金葵花”奖教金等30多个奖项，年奖教、奖学金总额60多万元。会同浙江省金融教育基金会，为母校设立专项基金400余万元，积极开展奖教、奖学和帮困助学工作，为母校设立的专项基金有教师奖励和培训基金，优秀学生“银星奖”奖励基金，特困学生资助基金和优秀科研项目资助基金等，鼓励更多的在校生早日成才，激励更多的教师和已走上工作岗位的校友在各自的岗位上脱颖而出，资助特困学生，基本保障贫困学生的生活。设立的奖助学金有些虽然金额不大，但都凝聚着校友们对母校的一片深情厚谊，既包含了物质价值，更包含了校友热爱母校的情感，校友奖助学金的设立可使在校大学生真切感受到来自母校和校友的关怀，进一步认同母校深厚的文化底蕴。

三、"2300"主题活动拓展校友育人文化载体

为使校友育人文化内涵得到进一步提升，促使学校文化传承、创新和发展，在学校与校友总会的共同商议和广大师生、校友的积极响应下，学校于2007年广泛开展以"千名学生访校友，千名校友回课堂，百名校友上讲坛，百名校友话人生，百名教师进企业"为主题的"2300"校友文化活动，进一步密切与校友的联系，充分发挥校友的纽带作用，推动母校与校友良性互动发展，提升校友文化育人内涵，构建校友育人文化体系，形成全方位校友文化育人氛围和长效机制，凝练"动手能力强，上岗适应快，实践水平高，创新创业成绩显著，廉洁自律操守规范，报恩母校情深义重"的文化育人目标和育人文化精神实质。

（一）寻访学长足迹，领悟社会之路——千名学生访校友

学校结合大学生学习生活指导课、寒暑假社会实践、顶岗实习等机会，由学校校友办、团委和各系组织学生开展大规模"访校友、学做人、学干事"等系列社会实践活动。学生通过走访校友，为校友带去母校建设发展新信息，征求校友对母校发展的建议，记录校友对母校的情怀、校友的工作和成才经历。同时要求校友总会秘书处联系各地校友分会做好宣传发动工作，通过校友的接待访谈，力所能及地帮助在校生认识社会，缩小从学校走向社会的距离，尽力帮助新校友适应岗位、适应社会，做好新老校友的传帮带工作，增进新老校友之间的沟通、交流和联系，增强学生的实践锻炼能力。在校生通过与校友的零距离接触，切身感受校友的成长经历，更加珍惜学校的生活学习。校友的成功案例则进一步激发在校生昂扬的斗志，引导青年学生形成积极的世界观和人生观，促进青年学生进步、成长和发展。

(二)情系母校课堂,携手共育人才——百名校友上讲坛

各系根据专业特色和学生规模,有计划地聘请校友作为兼职教师上讲坛,构建起以校友为主体的兼职教师队伍。产学合作办公室会同校友会秘书处组织既有扎实理论功底,又有丰富实践经验的校友和业务骨干参与学校的教学活动,百余位既掌握经济、金融前沿理论知识,又具备金融实践一线创新能力的校友积极承担1/4专业课程的教学任务,成为学院稳定、高质的兼职教师队伍的重要来源。兼职教师每学期授课课时达4000节以上,让校友们在提炼业务理论知识、升华个人素养、累积丰富经验之时,再次回到母校,上台讲课,向学生传授新业务、新知识和新技能,为学生带来一线的行业信息,用富有理论知识和实践经验的珍贵所得,促进理论教学和行(企)业实践的结合,帮助母校提高教学质量,助推新一代金院学子更快成长,推动学生全面发展。

(三)聆听学长教诲,传承金院文脉——百名校友话人生

学校通过各种途径邀请在工作岗位颇有建树的金融机构领导、专家、在我省经济建设和金融事业各条战线上成长较快的100多名优秀校友回母校做“校友话人生”的主题报告,与在校生共话人生。校友通过介绍个人的成才成长经历和拼搏足迹,对在校生进行职业道德和人生观、价值观教育,不仅提高了学生的综合素质,而且指导学生进行良好的职业生涯设计,选择正确成长道路,激发学生的责任感和使命感,促进学生早日成长成才。如在2010年11月学院35周年华诞之时,近500名身居金融机构高管要职的校友亲临母校,知名校友开展了35场精彩的励志报告会,深受师生的认可和称赞,显示了校友们对学习研究的执着和参与母校教育工作的责任自觉。

(四)发挥培训优势,助推学子发展——千名校友回课堂

作为培养高素质高技能应用型金融人才的国家示范性高职院校,学院在帮助在校学生们顺利走向岗位、迅速站稳脚跟、开辟发展空间、成功转换角色等方面不遗余力。在校期间为学生提供个性化培养方案,临毕业前开设加强业务学习和技能训练等特色强化班。充分利用学校师资、教学设施、培训中心优势,在校友毕业后设立业务咨询处、骨干进修班和各种类型的培训项目,满足校友们在不同岗位、不同时期的充电学习、提升自我需求。

(五)校友牵线搭桥,教师实践提升——百名教师进企业

各系根据实际调整教学任务,安排专业教师利用教学间隙或寒暑假到行业、企业进行实习实践和挂职锻炼,以提高"双师"素质和实践能力。校友总会及各地校友分会帮助母校教师联系实习实践单位。校友们积极创造条件,安排和接纳母校教师到行业、企业进行实践、调研、锻炼,帮助教师提高实践业务素质,共同推进"双师型"师资队伍建设。

四、注重在校生校友意识培养

在校大学生是母校最年轻的校友,是母校发展的未来。注重在校生校友意识培养是校友工作的希望。今日的在校生就是未来的校友。向在校生灌输校友意识,有利于学校掌握校友工作的主动性,可以为以后的校友工作起到很好的铺垫作用,为校友工作打下坚实的基础。

(一)加强对入校、在校和离校学生的培养

学校借助多方力量,采取多种形式,重点对入校新生、在校生和毕业生的教育培养。在新生入学时,通过迎新教育,对学校的历史、传统,

校友所创造的成就，以及校友设立奖学金、助学金等回馈母校、热爱母校的举动，有意识地宣传和培养学生与母校荣辱与共的校友意识；在他们的三年学习生活中，关心、关怀、关爱在校生；在他们毕业时，着重做好他们与其就业所在地校友会的交流联系工作，便于帮助毕业生更好地适应工作，让他们切身体会到校友身份的温暖和荣誉，切实增强他们的校友意识。在举行历届毕业典礼的同时举行新校友欢迎仪式和校友联络员聘任仪式，由校友会长致欢迎辞，代表校友总会祝贺各届同学顺利毕业走向各自的岗位，热烈欢迎各届新同学加入校友总会，衷心地希望新校友努力工作，敬业爱岗，尽快融入各级校友会组织，积极参加校友活动，为经济金融和社会发展进步做贡献，为母校建设发展增光添彩。同时由校友总会会长为历届校友联络员代表颁发聘书，校友联络员主要负责本届校友与校友、校友与母校联系与沟通重任，为校友总会有效开展校友工作提供人员保障。举行新校友欢迎仪式，聘请毕业校友联络员，使毕业生能较快地进行从学生到校友的角色转换，深深感受到成为“金融黄埔”校友的无限荣耀和责任担当。

(二)把校史教育作为培养学生校友意识的重要内容

校史是一所大学发展、壮大历程的缩影，真实再现了学校的发展历史、办学传统、文化氛围、校友风采等。因此，将校史教育纳入入学教育体系是培养学生具有校友意识的第一步。通过校史教育帮助学生了解学校的优良传统和办学精神，使他们对母校文化有深入的认识和理解，从中汲取力量。多年来学校一直把校史教育作为新生入学教育的第一课，分别由学校领导、各系部负责人亲自授课，讲述学校发展历程和办学成果。同时每年组织学生参观校史馆，举办一次“校史校情校友”知识竞赛，通过校史教育和校史校友知识竞赛活动，学生对母校历史传统和学校精神的认识，增添爱校之情，增强他们的自信心和自豪感，树立爱校意识和主人翁意识，逐渐形成"今日我以母校为荣，明日我为母校争光"的校友意识。

（三）校友意识培养前移，从学生在校学习时抓起

学校教师干部在对学生的培养上，不仅对学生进行学业指导，还重视师生的情感交流。在教学和管理工作中要认真做好每一项工作，通过严谨的教学、科学的管理和高效的服务赢得学生的尊重，唤起学生心中最真诚的情感；同时还关心学生的健康成长，积极开展校友话人生、明理大讲堂、会长话就业等系列活动，通过组织和安排在校生与毕业校友的联络与交流，邀请有成就的校友回母校做报告、开座谈会等形式，用校友们的先进事迹和奋斗经历教育在校生，使得在校生逐渐形成与母校荣辱与共的校友意识，在校生的校友意识将推动学生弘扬母校光荣传统和为母校争光的奋发精神。积极利用新生入学、毕业典礼契机营造校友文化氛围。邀请优秀校友回校参加新生的开学典礼和学生的毕业典礼。新生入学正是学生初识学校、急于了解学校、急于融入环境的时期。为使大学生尽早地融入大学生活，更快地了解、适应大学的学习、生活和工作，为给学生搭起展现自我的舞台，在新生开学典礼期间，学校邀请知名校友开展全校的新生教育，校友与大学新生交流分享学习工作经历和感受，将对新生增强认同感、荣誉感产生较大影响。毕业典礼是学生完成学业，即将离开母校走向社会的隆重仪式。毕业之际，学生大多都有即将踏上社会的激情与迷茫、对待学校迈出与不舍的复杂心情。在毕业典礼这个特殊的时刻，开展知名校友致辞，让校友通过自身的工作经历和感受，帮助学生迈好走向社会的第一步，将对在校生产生校友心理认同，形成积极影响，这对毕业生既有指导、引领作用，同时又可以促进毕业生角色的转变，强化校友意识。

(四)组织在校学生参与校友活动,亲身体验校友工作的重要性

为让学生参与校友工作,培养在校生校友意识,学院成立了学生校友工作志愿者协会——校友桥联谊会,让学生参与校友工作。如组织在校学生承担校庆、校友工作会议、校友返校活动的服务,参与校友杂志的编辑,参与走访校友、采写文稿等活动。这样,既加强了母校和在校学生与校友的联系,也让学生近距离接触了优秀校友,通过在校学生与校友面对面的交流,引导广大学生向优秀校友学习,进而培养学生的校友意识。创办"金院友约"校友专题交流活动,搭建在校学生与校友交流、接触的平台。定期把优秀校友请回学校,让校友用多年积累的丰富人生经历和社会经验,帮助在校学生树立正确人生观、价值观及如何理性择业、就业与创业,使在校学生与校友一起分享创业历程和成功经验,并从校友身上汲取宝贵的经验,接受智慧的点播与启发。

五、校友文化育人作用显现

(一)学生参与面广,校友育人效果明显

自 2007 年至今,学校共开展 8 次大规模的暑期寻访校友活动,共有 20000 余人次参与了此项活动,几乎每位学生在校期间都访谈了一次校友,并递交访谈感想。8 年来,学院团委将学生的访谈心得收集起来汇编成册,每年刊印一期《看得见的传递——千名学生访校友优秀心得汇编》,选取了部分在校学生走访校友的优秀感想和心得体会。通过学生的访谈心得,可以看出绝大部分学生都能在访谈中体会到许多为人、做事的道理,并将其视为人生当中的一次重要收获。校友的一句话、一条建议往往会让他们顿悟许多之前所不能想通的问题。目前,在学校里已经形成了一种氛围,平时,学生都会留意校友的动态,主动收

集校友资源，每当暑假临近，学生自然就会想到要去访谈这些校友，聆听校友的谆谆教诲。

(二)活动形式多样，积淀传承校友文化

2007 年以来，已有 21 个届别 20 多个专业 3000 多名校友回校参加了由学院牵头举行的校友创业论坛、校友明理讲堂、校友会长话就业、捐赠设奖共育人才、友缘描绘寄深情、我与母校共发展恳谈会等交流活动，让校友们在提炼业务理论知识、升华个人素养、累积丰富经验之时，再次回到母校，上台讲课，用富有理论知识和实践经验的珍贵所得助推新一代金院人更快成长，密切了学校、教师、学生与校友之间的关系。中国工商银行行长易会满、中国农业银行副行长楼文龙等知名校友专门为母校学生做精彩的励志报告会，校友深受师生的认可和称赞，显示了校友们对学习研究的执着和参与母校教育工作的责任自觉。通过校友与在校学生之间的亲密互动，校友们不仅向师弟师妹们传授知识，还与他们交流人生体验和行业心得，指导他们进行科学的职业生涯规划。这些活动为在校学生打下了校友文化的深深烙印，让广大师生强烈感受到学院文化的传承与积淀。

(三)形成文化品牌，形成育人长效机制

校友育人文化的构建，使学生的人格走向、从业素养和求学环境在一个切实的育人目标下达到了和谐统一，丰富了学校师生员工的文化生活，实现了校友文化在职业教育育人过程中的精神驱动与传承。全校上下充分认识到校友文化在学校建设发展中的重要意义，运用多种形式，开辟多种渠道，建立健全校友文化育人工作的长效机制。广大师生积极参与校友育人文化活动，促进校友文化育人取得显著成效，将校友育人文化建设不断推向深入。作为文化育人的重要内容，“2300”校友文化育人活动进一步拓展了校友育人文化载体，丰富了校

友工作的内涵，促进了校友育人文化成效，彰显了校友会工作特色，展现了校友工作新水平，不断深化了学校与行业、企业的合作，推动了校友工作再上新台阶。学校还正式出版了《解读2300——浙江金融职业学院校友文化探索实践》文集，每年编印"情系金院"系列校友文化活动画册，充分展现了校友文化育人的成果。

第五节 校友资源开发及成效

一、校友资源开发和运用

校友资源是学校的一笔无形财富。毕业生走上工作岗位后，经过几年的锻炼，往往会成为各单位的业务骨干，有的会走上各级领导岗位，成为经济建设的中坚力量。各届校友在工作岗位上能够相互帮助，相互支持，通过校友组织的工作，从而最大可能地动员和聚集校友力量为经济建设服务，促进当地经济的发展，关心支持母校建设，促进母校事业发展。校友总会成立20多年来，在正确的方针政策指导下，很好地运用和开发校友资源，对社会经济发展，对母校建设发展，对校友的成长进步都有十分积极的作用。

（一）拉动行业支持，凝聚各界力量

通过行业中的优秀校友带动行业支持母校发展，2000年至今，学校的事业发展有过三次重大的发展机遇，在每一次机遇面前，校友会都给予了学院大力支持。2000年，学校升格办高职，各地校友一如既往地给予母校关心和支持。人行杭州中心支行和浙江省教育厅共建浙江金融职业学院并会同全省各金融机构及有关方面共同办好学院发展咨询委员会。在新校区建设过程中，许多理事和校友都提出了规

划设计的建设性意见和建议。多家银行的校友们积极支持学校贷款资金，确保新校区建设的顺利进行。在申报与建设国家示范性高职院校时，校友总会与各地分会主动寻求与母校携手，杰出校友充分发挥自己在行业里的积极作用，为学校发展出谋划策，发挥了良好的指导和咨询作用，为母校提供智力、技术支持，为师生实习、实训及学生就业提供帮助，为我省金融教育事业的发展开拓了更广阔的空间，也为浙江金融、经济建设培养了更多学以致用的人才。

（二）借助校友力量，提升人才培养质量

会同有关金融机构组建专业指导委员会，参与学校的专业建设、教学管理，提供有关金融业务的信息，为师生金融科研、实习调研创造便利条件。学校每年分别与各地校友会共同组织诸如金融业发展、金融创新、金融业转型、县域经济、城乡经济一体化、示范校建设等不同主题的应用型金融人才培养恳谈会、毕业生质量跟踪调查咨询恳谈会、“同携手、共发展，母校与您心连心”校友恳谈活动，广泛征求各金融行业、广大校友对学校建设发展、人才培养的建议、意见，得到了各地校友会、广大校友的积极响应和支持，使学校人才培养更有针对性，提高了学生对口就业的就业率。

（三）促进校企合作，做好共同育人

校友总会积极调动校友力量来帮助母校的教学和实践零距离的探索，在学生的实习和就业上发挥了十分重要的作用。母校利用校友资源组建了 11 个产学合作二级学院，建设了 8 个校内国家级实验实训基地，60 余个校内仿真实训基地、200 多个校外实习基地和 100 余个校外紧密型产学合作基地，并与 120 余家企业签订了办学合作协议，大大推进了产学合作的深度和广度，使现有学生的毕业实习都能在对口单位进行。通过校友积极推荐，促进学生优质就业。近年来，各类各级金

融机构纷纷在母校开展订单培养,订单人数达到毕业生总数的50%左右,毕业生初次就业率连续几年达到97%以上。这些成果得益于校友总会、各地分会,以及广大校友的支持与帮助,每当有在校生需要顶岗实习或毕业实习,总是有校友的帮助和接纳,每当有毕业生需要落实就业岗位,总是有校友的就业指导和热情推荐。

(四)校友捐资兴教,支持母校办学

校友会以资助母校发展为己任,发动行业企业,动员校友为金融教育事业、为学校的建设发展捐资出力。会同浙江省金融教育基金会,积极开展奖教、奖学和帮困助学工作,设立教师奖励和培训基金专项基金、优秀学生“银星奖”奖励基金、特困学生资助基金和优秀科研项目资助基金等,鼓励更多的在校学生早日成才,激励更多的教师和已走上工作岗位的校友在各自的岗位上脱颖而出。在母校20周年、30周年校庆之际,组织了两次规模较大的捐资兴教活动,通过校友个人和所在单位的努力,分别募集资金360多万元和470多万元,支持母校实验室建设、专业建设、教师科研与进修、学生困难资助等。2014年开始,各地校友会又开展了“迎校庆、献爱心、做贡献”捐资兴教活动。到2015年6月底,各级金融机构和校友累计为教育基金会捐资3000余万元,近30家单位和校友个人出资在母校设立各类专项奖学金、奖教金,鼓励学生成才成长,奖励教师教书育人,年奖金总额达60多万元,为支持金融教育事业发挥了积极的作用。学校会同校友总会、浙江省金融教育基金会设立“金星奖”,用于奖励在本职岗位上取得显著成绩并热心校友工作的优秀校友,每五年通过“金星奖”评选表彰,至今已有170位优秀校友获得“金星奖”。2010年,校友总会联合学校评选了350名“品质校友”,以感谢校友们对母校建设发展的支持,同时鼓励校友们在各自领域继续大有作为。

（五）传承金院文化，推动文化校园建设

在校友的大力支持下，学院发起了以“千名学生访校友，千名校友回课堂，百名校友上讲坛，百名校友话人生，百名教师进企业”为主题的“2300”系列活动，使校友文化内容进一步丰富充实，使学校优秀文化传统得到了良好的传承。通过校友的积极沟通，许多金融机构出资冠名母校建筑楼群（广场），各地校友会和校友捐资建设了以亭、廊、林、坊、港、园为主题的15处校园文化景观，各届、各班校友在组织联谊活动，回访母校期间，还以认养、认捐新校区树木的形式资助学校建设，浓厚了校园的金融、励志、劝学等文化氛围，极大地丰富了校园景观和文化内涵。

（六）聘请兼职教师，完善师资队伍

学校许多校友均在工作岗位颇有建树，包括金融机构领导、专家，以及全国“五一劳动奖章”获得者，这些都是学校兼职教师队伍的重要来源。以校友为主体，学校通过聘请兼职教师，邀请其回校授课或开设讲座，进一步完善“双师型”师资团队建设。百余位既掌握经济、金融前沿理论知识又具备金融实践一线创新能力的校友积极承担专业课程的教学任务，成为学校稳定、高质的兼职教师队伍的重要来源，兼职教师每学期累计授课4000课时以上，为学生带来一线的行业信息。在对学生进行知识传授的同时，不少校友以自己成才成长的经历对在校学生进行职业道德与生涯规划教育，提高学生的综合素质，指导学生进行职业生涯设计。

二、校友工作成效显现

学校通过不断改进和加强校友会工作，通过校友文化氛围的营造和校友文化育人的机制，形成了校友事业和母校事业的互动发展，有

效促进了学校的发展。以校友为纽带的共生态办学模式改革为高职院校如何营造和谐的办学环境提供了新的思路、途径。校友育人文化的构建，使学生的人格走向、从业素养和求学环境在一个切实的育人目标下达到了和谐统一。重视校友事业与学院事业的同步协调发展，为我省金融教育事业的发展开拓了更广阔的空间，也有效地推动了母校内涵建设的不断深入、办学水平的不断提升。

(一)行业、校友、集团共生态合作办学模式成为品牌

学院结合办学实践，从教育生态学视角出发，培育形成一个“以行业为依托，以校友为纽带，以职教集团为载体”的“行业、校友、集团共生态”的高职院校办学模式，实现高职院校办学模式的创新。紧密依托行业，广泛团结校友，推动集团发展，既适应了高等职业教育发展的要求，也适合管理体制调整学校的情况，更扩大了学校的办学力量，促进了学校特色发展，较好地解决了学校在办学规模扩张、新校址搬迁及强化内涵建设中遇到的问题。升格办高职 15 年间，学院在校生规模从最初的不足千人增至目前的 9000 余人，完成了新校区的建设工程，拥有了 9000 余万元的仪器设备总值。为母校提供智力、技术支持，为学校师生实习、实训及学生就业提供帮助，已成为校友不容推辞的责任。

(二)学校校企合作有效开展，产学合作机制进一步健全

以校友为纽带，联合联络校友负责管理的单位，校友所在的单位，校友创办创建的单位，以及与校友合作的单位，形成广泛的校企合作网络，推进了工学结合、校企合作、顶岗实习人才培养模式的深化和有效。产学合作和吸引社会、行业、企业共同办学取得了丰硕的成果，组建了 11 个产学合作二级学院，建有 8 个校内国家级实验实训基地，60 余个省级校内实验实训基地，200 多个校外实习基地和 100 余个校外紧密型产学合作基地，大大推进了产学合作的深度和广度。

(三)专兼结合教学团队形成

学校以优秀校友为主体,聘请专业课、素质课、职业指导课兼职教师,安排专职教师到校友企业实践锻炼,构建起以校友为主体的兼职教师队伍,完善了学院"双师"结构的师资队伍,带动了学院师资水平的提升,这就促进了以母校为纽带、校友为重要组成部分的专兼结合的教学团队的形成,也有利于专任教师"双师"素质的提高。目前,学院以校友为主要力量的行业兼职教师与专任教师的比例已接近 1∶1,兼职教师每学期授课课时达 4000 节以上,为学生带来了一线的行业信息。同时,学院师资水平不断提升,正高职称教师达 47 人,副高以上职称的教师占专任教师总数的 30%,"双师素质"教师占专业课教师人数的 70%;培养 19 名浙江省中青年学科带头人和浙江省专业带头人,23 名浙江省新世纪"151"人才第二、三层次培养工程的优秀教学团队。

(四)校友力量促进了学生优质就业

高职教育以就业为导向,人才培养工作以就业作为重要指挥棒。在"行业、校友、集团共生态"办学模式中,学校教书育人培养人才,校友兼职授课,校友力量参与学院人才培养过程,不仅提升了毕业生的综合素质,更传递了校友对在校生成才成长的人文关怀,指导在校学生如何进行科学的职业生涯规划,促使学生"起好步、就好业、走好路"。在校友的共同努力和社会各界的支持下,各大金融、房产、保险等企业纷纷来学校预订学生,使学校订单培养的规模不断扩大,而且就业质量和起薪率比较高,学生在岗位上发展也比较顺,比较好。近年来,毕业生就业率一直保持在 98%左右,深受社会赞誉。

(五)校友事业蓬勃发展

在母校和校友会的帮助下,在校友文化熏陶下,校友们在经济金融第一线人文关怀多，业务信息多，自我约束严，促进了校友人生的发展，事业的顺利和创业的成果。据统计，从我校毕业出去的学生，担任支行（支公司、营业部）行长（总经理）及相当职级的校友远远超过5000人，并培养出了全国劳模等杰出人才，其中有10余名校友成为总行级金融机构高管，100余名校友成为一级分行及以上金融机构经营高管，校友群体已形成学校凝聚资源、传承文脉、扩大交流、促进发展的重要力量。

（六）学校知名度与美誉度提升

学校办学获得政府、行业与社会的认可，先后被评为“国家级重点中专学校”和“国家示范性高职院校”；获得“全国职业教育先进集体”“全国金融职业教育先进集体”“全国毕业生就业典型经验高校”“浙江省劳动模范集体”“浙江省职业教育先进单位”等荣誉称号，被中共浙江省委、浙江省人民政府命名为省级文明单位；学校先后当选为全国财经类高职院校联协会主席单位、全国金融职业教育教学指导委员会副主任委员单位、中国高等职业技术教育研究会副会长单位、全国高职素质教育工作委员会主任委员单位、浙江省高职院校党建研究会会长单位、浙江省高职教育研究会理事长单位、中国高职教育研究会校友工作委员会主任委员单位、浙江省高校校友工作研究会副会长单位、浙江省社会组织联合会副会长单位。

第五章

做大基金会

基金会是倡导公益、集聚财富、承担社会责任的民间非营利组织。高校教育基金会要做好基金会工作,必须明确基金会的定位与功能,研究教育基金会如何在大学人才培养的中心环节中发挥作用;必须确定基金会的目标责任,积极募集资金,奖教助学、奖教励先、多元支持人才培养;必须深知基金会发展的条件和基础,不断创造条件,夯实基础,促进发展;必须完善基金会发展的机制,做强校友会,做密合作网,建立科学长效的募集机制;必须优化基金会项目设计,项目设计充分体现基金会的宗旨,发挥基金会的功能,落实基金会目标,实现基金会规范科学发展。

第一节　基金会自身定位与功能

一、高校基金会的定位

做大基金会必须要明确基金会自身的定位与功能。所谓基金会，是指利用自然人、法人或者其他组织捐赠的财产，以从事公益事业为目的，按照国家有关管理条例的规定成立的非营利性法人。根据《基金会管理条例》规定，基金会必须在民政部门登记方能合法运作，就其性质而言是一种民间非营利组织。基金会一般具有三方面功能，即设立项目筹集资金，改变传统的社会结构和财富结构，推动政府和企业之外的社会财富的聚集；利用基金服务社会，实现社会资源的优化配置；形成社会辐射，倡导平等、友善、互助的社会公德，推进和谐社会建设。

高校教育基金会是经国家政府有关部门批准设立的，在其所在学校党委和校长领导下，面向海内外法人单位、自然人筹措资金的非营利性的社会组织。高校教育基金会是社会转型期的产物，在高校捐赠事业的发展中无疑起到了举足轻重的作用，有利于在继续保持高等教育国家投入为主体的同时，大力拓展社会筹资渠道，吸引社会力量投资高等教育，保证高等教育持续、稳定、快速发展。高校教育基金会不仅能为大学的发展提供财力上的支持，而且亦能因其独有的特性，透过丰富多样的项目实施，在大学人才培养的中心环节中发挥重要作用。

二、基金会的功能

浙江省金融教育基金会成立于1993年9月，是经浙江省民政厅审核批准的具有公益性捐赠税前扣除资格的非营利性“AAA”级社会团体。基金会自成立以来，紧紧围绕“支持浙江省金融教育事业发展”的宗旨，充分依靠金融界和社会各界的力量，推动浙江省金融教育事业不断发展。经过长期的探索和实践，基金会已形成了较为完备的功能体系，在促进浙江省金融教育发展方面起到了积极的作用。

（一）筹措资金

浙江省金融教育基金会充分利用各成员高校丰富的社会资源和强大的校友力量，依法开拓各种渠道，采取各种资金筹措方式和举措，面向浙江省金融等行业、各类企事业单位、自然人，以捐款的形式筹措资金。

（二）实施项目

浙江省金融教育基金会自成立以来，以其完备的组织体系和智力支撑，科学筹划设计，设立了帮困助学、奖教励先、奖优促学、助研扶教等方面的基金项目，支持浙江省金融教育事业的发展。

1. 帮困助学

为充分利用社会各界力量帮困助学，实现省内金融类高校寒门学子的求学梦，更好地为浙江省培养经济金融人才，浙江省金融教育基金会自 2001 年起，设立“家庭困难学生资助基金”，帮助省内金融类高校中家庭经济困难的学生继续学业。设立“银星励志奖学金”奖励在学业上取得优异成绩的家庭贫困学生。

2. 奖教励先

为激励省内金融类高校的广大教师和教育工作者献身金融教育事业，表彰他们在金融教育工作中做出的突出贡献，不断推进金融教育事业的改革和发展，浙江省金融教育基金会设立了“金晖奖”“金融教育优秀教师奖”“优秀教育工作者奖”等评选项目，评选并表彰在金融教育工作中做出突出贡献和取得优异成绩的浙江省金融类高校的广大教师和教育工作、管理者。

3. 奖优促学

为鼓励金融院校学生勤奋学习、卓越成才，浙江省金融教育基金会设立“银星奖”，奖励金融院校品学兼优、才能突出的优秀学生。同时，鼓励各金融机构、社会各界为金融院校冠名设立各类学生奖学金，支持金融院校学子优质成才。

4. 助研扶教

为更好地推进浙江省高校金融教育师资教学能力和国际化水平，浙江省金融教育基金会广泛搭建沟通交流平台，并会同浙江地方金融发展研究中心，鼓励金融院校扎实开展金融人才培养等方面的课题研究，资助、支持浙江省内金融院校教师参与境外师资职业培训项目，资助教师进修培训和学术研究项目，为金融院校师资建设和育人工作提供帮助。

第二节　基金会承担的目标与责任

一、基金会的目标

做大基金会需要确定发展的目标和明确承担的责任。一般而言，高校教育基金会的工作目标主要是：积极制订并实施基金募集计划，通过广泛联络社会各界，采取多种渠道依法筹措资金，并以设立和完善各类项目，支持高校教育事业的发展，激励高校广大教师潜心教学、科研和育人，帮助广大学生优质完成学业。浙江省金融教育基金会为促进金融人才培养积极搭建平台，会同省内各金融院校、金融机构，组织团队赴省内各地市开展应用型金融人才培养调研，针对不同时期金融改革发展开展多种形式的应用型金融人才培养恳谈会，帮助金融类院校对接金融行业发展趋向，提高应用型金融人才培养质量。同时，不断深化金融机构与金融院校的合作交流，联合金融机构、金融院校搭建学术交流、教育工作研讨的平台，助推金融教育服务浙江省经济社会发展。

浙江省金融教育基金会多年来在浙江金融职业学院（前身浙江银行学校）校友会的组织平台支持下，在广大校友的热情参与下，充分利用金融界和社会各界的力量，拓宽了筹集资金的渠道，增加了资本金。同时，建立了一套完善的资金运作机制，通过设立一系列有助于激励全体师生、帮助贫困学生、扶持科研工作的基金项目，不遗余力地资助困难学生、表彰各类先进、资助科研及鼓励教师进修，鼓励金融院校教师扎根金融教育事业，为社会培养优秀金融人才；鼓励金融院校学生勤奋学习，为经济发展学好本领；鼓励金融系统干部安心本职工作，为金融事业发展献计出力。

二、基金会的责任

高校教育基金会在当前的国家高等教育发展事业中肩负着义不容辞的责任和义务，主要表现在以下两个方面：

（一）工作责任

1. 依法筹措支持教育发展的资金

依法筹措支持教育发展的资金，既是高校教育基金会支持和推动高等教育事业发展的责任，同时也是其发挥自身功能、体现自身地位的前提和途径。高校教育基金会发展至今，筹措资金对推进其自身项目的有效实施已无与伦比，而且通过其自身的努力探索，资金的筹措渠道已呈现多样化。

2. 科学设置项目，发挥资金的作用

高校教育基金会的另一功能及其肩负的社会责任是加强对筹措资金的管理和合理运用。科学设置支持教育发展的各类项目，是高校教育基金会提高资金运作效率，提升资金促进高等教育事业发展的公益效益的重要方式。这些设置项目主要是针对高校教育设施设备建设、师资队伍建设、学生激励和助困，以及科学研究等方面。

3. 加强建设，壮大自身发展的力量

加强自身建设，完善各项工作制度、机制，建设一支强大的工作队伍，拓展广泛密切的社会资源网络是高校教育基金会发展的重要力量来源，同时也是巩固社会地位和提高服务能力的重要途径。

（二）社会责任

1. 激励高校教师潜心教书育人和科研

百年树人，教育为本；立德树人，教师为本。高校教师是高校教育发展的重要力量，其地位和功能决定高校在加强自身建设中，必须要不断壮大教师队伍，提升教师在教书育人和科学研究方面的水平。这也是高校教育基金会不可推卸的责任。高校教育基金会通过资助、奖励等方式，可与高校自身推进职能建设形成合力，较好地配合高校加强师资队伍建设。

2. 帮助高校学生克服困难和励志学习

由于学生的生源结构和家庭经济背景等因素，难免在校园中存在一批因家庭经济条件困难而面临辍学的贫困学生。在高校有限的财力给予帮助的同时，高校教育基金会则发挥了积极的作用，壮大了学校对贫困学生的帮助力度和涉及面。同时，高校教育基金会还发挥基金项目对激励学生勤奋学习的积极作用，设立奖励、激励项目，表彰在学习中表现特别优秀的学生，以帮助学校树立优秀典型，带动全体学生共同进步。

第三节 基金会发展的条件和基础

一、基金会发展的条件

做大基金会必须要不断充实发展条件，夯实发展基础。要探索当前高校教育基金会的发展路径与策略，则首先要深刻认识国家对高校教育基金会的各项支持政策、措施及其自身发展的现状和长期积淀的发展条件与基础，只有在此基础上，才能对我国高校教育基金会的发展提供有实际依据和价值的政策建议。

自 1981 年我国第一家基金会成立后，我国基金会随着社会发展和政府政策的变化获得了长足发展，并大致经历了四个阶段：第一阶段(1981—1987 年)为起步阶段。基金会从无到有，并在没有相关法规的背景下实现自身运作与管理。第二阶段(1988—1996 年)为三重监管阶段。1988 年，国家管理部门出台《基金会管理办法》，确立了对基金会实施三重监管制度，严格限制基金会发展。第三阶段(1997—2003 年)为清理、整顿阶段。1996 年，中共中央办公厅、国务院联合下发《关于加强社会团体和民办非企业单位管理工作的通知》，开始对基金会进行清理、整顿，基金会发展处于停顿状态。第四阶段(2004 年至今)为快速发展阶段。2004 年，国家管理部门出台《基金会管理条例》，明确基金会内部治理、财务会计和善款使用等规范内容。基金会发展速度加快，社会影响力进一步提升。

我国高校教育基金会发展起步较晚，借鉴国外高校的成功经验，国内高校约从1988年起成立类似高校教育基金会的组织，从无到有，并伴随着国家基金会法制的逐步健全，经历了近27年的发展历程，形成了一定的工作方法理论，在支持高校发展方面取得了显著成绩。伴随着我国高校教育基金会的发展，浙江省金融教育基金会得以快速成长壮大，主要得益于以下条件：

（一）国家、省等各级主管部门的高度重视

从国家宏观环境看，近几年的国家有关政策变化促进了非公募基金会的发展。高等教育法要求，国家建立以财政拨款为主，其他多种渠道筹措高等教育经费为辅的体制。财政部、教育部联合制定的《中央级普通高校捐赠收入财政配比资金管理暂行办法》（财教〔2009〕275号文件）明确，中央财政设立配比资金对中央级普通高校接受的捐赠收入实行奖励补助。十八大报告提出要深化教育领域综合改革，推动高等教育内涵式发展。在十八届三中全会报告中，也明确规定要进一步促进社会组织的发展。在《国家中长期教育改革和发展规划纲要（2010—2020年）》中明确指出，"高等教育实行以举办者投入为主、受教育者合理分担培养成本、学校设立基金接受社会捐赠等筹措经费的机制"。2012年我国教育经费投入达到占GDP 4%的比重，但优化教育经费结构是今后改革的必然趋势，高校办学主体多元化与办学经费来源多样化是发展的必然方向。全国很多省份下放基金会登记管理权限，在市县级民政部门就可注册非公募基金会。此举正是通过积极的政策引导，进一步完善我国高校社会捐赠体制，促进高等教育事业可持续发展。高校基金会进入快速发展阶段，存在着广阔的成长空间。

1993年，原浙江银行学校在上级主管部门中国人民银行的大力支持下，经浙江省民政厅批准，设立浙江省金融教育基金会，基金会隶属中国人民银行浙江省分行（现为中国人民银行杭州中心支行），由浙江银行学校运作管理。自此，学校跨出了运用社会支持促进办学和人才培养的第一步。虽然浙江省金融教育基金会经历了国家三重监管、清理整顿的管制阶段，发展一度遇到各种政策性限制和困难，但在上级主管部门和浙江金融职业学院(原浙江银行学校)广大校友的支持下，平稳度过了困难时期。从 2004 年开始，特别是 2009 年国家对高校各类教育基金会的扶持政策的出台，浙江省金融教育基金会的发展迎来了春天，浙江省财政 2012 年出台落实了对省内高校捐赠财政 1∶1 配套政策，放大了捐赠者支持教育的贡献度，鼓舞了部分捐赠者支持教育的信心和热情，对基金会壮大自身支持教育发展的资金力量起了关键性的作用。

(二)金融教育事业可持续发展的需求驱动

高校基金会问题是关系我国高校可持续发展的一个重要课题。高校基金会在为高校财政体制改革提供一个新的运作平台的同时，更增强了高校灵活应对学校发展中各种不确定因素的能力，有利于高校转变依靠政府办学的传统思维，可以根据自身办学战略目标调整筹资策略，形成更加自主的办学文化积淀，从而增强高校战略规划能力。与此同时，高校基金会也有利于加快高教财政体制改革步伐，将为实现更高水平的高等教育大众化筹集资金进行有益探索，也是未来高校可持续发展模式的有益探索。随着浙江省经济金融事业的快速发展，浙江省金融教育基金会已不仅仅是作为学校单纯的一个筹款组织，而是日益体现其对金融教育事业长远发展的战略性价值，成为学校建设与发展的一个重要方面。同时，通过基金会的中介作用，不断增强学校的社会凝聚力。浙江省金融教育基金会在浙江省经济金融事业和金融教育事业发展需求的召唤下，今后必将承担更为重要的使命，加快自身建设，不断发展壮大。

二、浙江金融教育基金会发展的基础

(一)学校自身丰富的校友资源的有力支撑

校友是高校自身改革发展的重要资源和财富,是学校品牌建设的一张“金名片”,学校的发展离不开校友的大力支持和积极帮助。同时,校友自身的职业成长和事业发展也离不开母校对其的培养和后续的关心与支持。用自身发展的成果,通过不同的方式回馈母校,已成为广大校友表达“滴水之恩以涌泉相报”的爱校情怀,践行社会责任的重要形式。校友对母校表达恩情和履行社会责任的重要渠道,就是通过对母校所属基金会进行捐赠,在母校设立各类奖教、奖学基金。这也是促使基金会得以不断壮大的重要力量支撑。浙江金融职业学院(原浙江银行学校)建校 40 年来,为浙江省乃至全国培养了 5 万余名经济金融人才,其中近百名校友已成为银行、保险、证券系统省级分行及以上领导,5000 余人已成为支行副行长以上干部。他们扎根金融、恩泽浙江、誉满全国,为国家经济金融事业发展做出了积极贡献。同时各位校友毕业后情系母校,积极发挥自身优势,广泛组织和动员并通过浙江省金融教育基金会,广泛募集支持金融教育事业的各类基金项目,推动了基金会的发展壮大。

(二)自身完备的机制和工作队伍

浙江省金融教育基金会的发展,还得益于自身建立的一套完备的机制、制度和工作举措,拥有一支稳定、成熟的基金会工作队伍。1993 年 9 月,浙江省金融教育基金会通过了《浙江省金融教育基金会章程》。2004 年 9 月制定了《基金会文书档案管理办法》,2004 年 11 月修订了章程。2004 年 5 月,在原有基础上修订了《浙江省金融教育基金会特困学生资助办法》。2012 年 5 月,制定了《浙江省金融教育基金会“金融教育奖”评选奖励办法》等一系列旨在规范基金会帮困助学、奖教励先、奖优促学、助研扶教等基金实施项目的制度机制。同时,基金会构建了成熟、完备的组织架构体系,聘请了熟悉相关政策、法规,热心参与公益事业,积极宣传动员募捐金融教育基金,在金融教育和培训方面有较丰富的经验和较高的造诣,熟知基金会的管理运作,有较强的组织和策划能力的金融行业专家学者和工作人员为基金会理事长、副理事长、秘书长、常务理事、理事,壮大了基金会工作队伍,增强了基金会的力量。

第四节　基金会发展的路径和机制

做大基金会必须要精心设计发展路线,科学构建发展机制。鉴于高校教育基金会属于非营利性质的法人,以服务高校为目的。其发展的基本路径依然在于拓展更宽的渠道,筹集更多资金,设立更多项目来支持学校教育事业的发展。在构建规范管理工作、拓展合作网络机制、优化项目设计等方面机制时,也必须要以为广大师生提供满意的服务,促进高校教育事业的长期持续发展为最终目的。

一、发展浙江省金融教育基金会的路线设计

(一)紧密围绕国家、省各项政策依法依章开展工作

浙江金融教育基金会的本质属性决定并要求,基金会的各项工作必须要依照国家、省各项规章制度和本会章程开展,切实履行自身社会责任,为金融教育事业发展做出积极贡献。这是浙江省金融教育基金会做大做强的根本原则和前提。

(二)紧紧依靠金融教育事业发展需求下的潜在驱动

金融教育事业的发展离不开基金会的支持,同时基金会的发展也离不开金融教育事业发展需求的存在。浙江省金融教育基金会的存在价值根本上取决于金融教育事业需求对其的驱动。因此,扩大浙江省金融教育基金会的重要途径,就是要深入挖掘学校办学和人才培养过程中的潜在需求,特别是与基金会服务宗旨和目标密切相关的内在需求。

(三)积极汇聚各行各业广大校友力量做密合作网络

直观地讲,基金会资金的重要来源就在于学校广大校友的热情捐助和牵线搭桥。因此,发展浙江省金融教育基金会的另一重要途径,就是要紧紧依靠广大校友,汇聚校友力量做强校友会。校友会是一个感情交流的平台,校友充当着学校和社会之间信息交流的使者,充当着科技成果转化的重要中介,他们是学校发展的支持力量,他们在高校基金会拓展筹资渠道中发挥重要作用。

(四)深入建设一支工作能力强、业务娴熟的工作队伍

工作队伍的力量和水平向来是工作开展质量好坏、程度高低的重要基础。扩大浙江省金融教育基金会,离不开建设一支工作能力强、业务娴熟的工作队伍。同时,建设这样的工作队伍必须要坚持一元主题多样化结合的原则,即要在基金会专职队伍的巩固与发展的基础上,不断扩展基金会的兼职队伍。兼职队伍的主要来源则是在校教师、学校校友和学校合作单位成员。

(五)着力加强平台建设,增强品牌影响和社会辐射力

扩大浙江省金融教育基金会还必须要搭建平台,与捐赠者形成密

切的互动。积极宣传“施比受幸福”“施不骄傲，受不自卑”“助人助己”等观念，一方面让更多的人感悟肩负的社会责任，让捐赠者体会到自身对社会的贡献；另一方面鼓励受赠人奋发向上，积极争取进步，传递捐赠者的热心和爱心，推动金融教育事业发展。

二、发展浙江省金融教育基金会的机制创新

（一）构建层次分明、关系密切、兼容并包的组织建设机制

浙江省金融教育基金会作为一种公共组织的高校教育基金会的基本形式，同样需要面对复杂多变的市场环境和多重交织的社会效应。首先，浙江省金融教育基金会只有有效协调与浙江金融职业学院及其各行政部门的互构关系，对接学校教育事业发展的具体需求，才能保持政策的统一性和延续性，提高教育基金会发展的可预见性。其次，浙江省教育基金会只有有效协调工作人员的内部互构关系，积极践行“以人为本”的管理理念，才能更好地将基金会内部个人利益与基金会集体利益有机结合起来，保持内部管理人员之间的密切关系，提高工作效率，团结一致实现既定目标。最后，浙江省教育基金会只有有效协调与社会大众的互构关系，以兼容并包的理念吸收各类有志之士为组织工作，才能更好地为社会大众提供优质服务，才能取得社会大众，特别是捐赠者的信任，才能争取获得更多的资金捐赠。

（二）构建渠道广泛、参与度高、数额递增的募集工作机制

高校教育基金不能“坐吃山空”，应采取多种营销策略积极拓展筹款渠道，激发社会捐赠热情、广泛吸引社会资金，通过多种渠道向企业、社会团体、慈善机构、社会自然人等积极募捐。募集工作是基金会获得社会捐赠资金的重要手段，也是基金会广泛联结社会的桥梁和纽带。扩大浙江省金融教育基金会，必须要科学制定基金募集工作实施方

案，创新构建募集工作机制，从多角度、多领域扩大资金募集渠道和范围，广泛动员和组织学校师生、校友和社会友人热心参与募集工作，逐步扩大基金募集基数，不断扩大基金量，努力增强基金会支持教育事业发展的经济实力。

（三）构建项目丰富、分配合理、推动力大的资金运用机制

在中国高校教育基金会现行资金分配机制中，资金分配主要由公益支出、运行成本、投资增值等三部分组成。浙江省金融教育基金会所募集的各项资金，一方面要考虑通过设立丰富的项目运用于支持金融教育事业发展的公益支出，同时要运用于基金会日常工作和管理的合法支出，还要促进资金保值增值。这就需要基金会创新构建有助于推动公益项目资金运用效率、节省日常工作管理支出和资金保值增值的机制。

（四）构建更高效率、更具推力、更为广泛的工作激励机制

建立科学合理的激励机制，是使工作人员长期保持高效率的工作状态的前提，是组织发展的助推器。浙江省金融教育基金会明确区分员工的体制内激励与体制外激励，灵活采取正式激励与非正式激励相结合的方式，制定募集工作激励办法，设立一定的奖励项目，对在募集工作中表现突出、成绩显著的部门和个人予以表彰奖励，对特别突出的予以重奖。以此来进一步激发社会各界人士对参与浙江省金融教育基金会募集工作，为金融教育事业发展做出积极贡献的慈善热情，壮大基金募集工作的力量。

（五）构建公开透明、严谨规范、公信度高的管理监督机制

由于基金会所募集的资金属于社会公益基金，必须要运用于社会公益事业。为此，基金的运用情况自然备受管理部门和社会公众的关

注。对基金会实行长期有效的监督，不仅可以保证基金会自身良性运行和协调发展，同时还能使基金会的社会公益事业事半功倍，大大提高社会运行效益。浙江省金融教育基金会必须要通过各项平台建设，构建起行之有效的内部监督和社会监督有机结合的监督机制，促进基金会各项工作公开透明、严谨规范、覆盖广泛、进程可控，切实维护捐赠者的正当权益，提高基金会的社会公信度。

第五节　基金会项目设计与优化

一、高校教育基金会项目设计与优化的理论依据和经验启示

高校教育基金会项目设计与优化，从制度而言，其自身的本质属性，决定了其必须依照国家法律和自身章程设立公益项目，且设计的项目必须完全符合基金运用范围，明确基金具体用途，规范基金运用程序。2004 年国务院、民政部《基金会管理条例》规定，“基金会组织募捐、接受捐赠，应当符合章程规定的宗旨和公益活动的业务范围。基金会应当根据章程规定的宗旨和公益活动的业务范围使用其财产；捐赠协议明确了具体使用方式的捐赠，根据捐赠协议的约定使用。基金会开展公益资助项目，应当向社会公布所开展的公益资助项目种类以及申请、评审程序。

当前学术界和基金会领域均有诸多有效的探索。目前，基金会运作主要依据《基金会管理条例》。条例规定了非公募基金会不得向公众募集资金，其资金来源于个人或特定组织的捐赠。这使得高校教育基金会的资金来源受到限制。同时还规定“基金会应当按照合法、安全、有效的原则实现基金的保值、增值”。这一条款明确了基金会进行基金

运作的合法性。

高校教育基金会受捐资金来源主要分为三类：社会捐赠、企业捐赠和校友捐赠。根据捐赠者是否限定捐赠用途分，又可分为非限定性基金（捐赠者不指定捐赠用途的基金）和限定性基金（捐赠者指定捐赠用途的基金）。限定性基金按具体限定的捐赠用途又可以进一步细分为支持校园基础设施建设、设立人才引进基金、设立奖助学金、支持学科建设、支持师生国际交流、资助校园文化，以及支持社会公益。

高校基金会项目根据捐赠财物的使用用途可以分为以下几种：一是文化建筑景观类：已建、在建或拟建的建筑物和绿化景观等。二是人才、学科及实训室建设类：以捐赠者命名的特聘教授岗位、学科建设基金和实训室等。三是奖教、奖助学金类：各类国家、学校及其他外设的优秀教师奖励（基）金、优秀大学生奖学（基）金、家庭经济困难学生助学（基）金、学生国际交流（实习）基金等。四是科研创新基金类：各类教师或大学生创新基金、产学研合作发展基金等。五是关爱离退休教职工基金。六是旨在推动学校教育事业发展的其他捐赠项目等。

综上所述，高校教育基金会的项目设计与优化，主要体现出共性和个性的特点。在共性方面，主要体现在高校教育基金会的项目大体上主要围绕帮困助学、奖教立先、扶持科研方面开展设计和运用；在个性方面，主要表现在高校教育基金会因自身发展和高校个性需求而设计的基金项目，如学生创新创业基金、文化校园建设基金、产学合作发展基金、关爱离退休教职工基金等。

二、浙江省金融教育基金会项目设计与优化的思路与路径

浙江省金融教育基金会依照国家有关规定，根据自身优势，围绕基金会章程，可执行项目设计与优化的主要思路有：

(一)巩固传统项目

结合高校教育基金会项目共性特点,浙江省金融教育基金会应着力将现有的帮困助学、奖教励先、奖优促学、助研扶教等传统项目更进一步做精做实,包括募集和运用的奖学金、助学金、奖教金、科研基金等项目;进一步健全对传统项目的管理机制和制度,推动传统项目做精做大。

(二)设计新型项目

在巩固传统项目的基础上,浙江省金融教育基金会还需要结合自身发展需要和学校个性需求,创新设计一系列旨在增强支持教育事业发展动力、涉及面广、支持强度更大的新型基金项目,如学生创新创业发展基金、杰出校友发展基金、关爱离退休教职工基金、金融行业重大创新问题科研基金等。这些项目必将在新常态和新教育教学改革与发展的潮流中,发挥新的更大的作用。

(三)创立品牌项目

浙江省金融教育基金会还必须运用平台创建和社会力量支持,扩大个别项目的社会影响力,树立社会公益事业品牌项目。如设立“汇爱基金”,储存爱,汇聚爱,传递爱,传承爱。这是基金会扩大社会影响力和知名度的需要,也是增强社会公众对基金会事业关注度和参与度的需要;是基金会在践行社会责任的同时,回馈广大捐赠者的一种友谊创举,此举有利于提高捐赠者对自身贡献的自豪感、满足感。

第六章

做密合作网

第一节　开放合作是高职教育的办学特征

高等职业教育既是我国高等教育的重要组成部分，也是职业教育的重要组成部分，兼具高教性和职教性双重属性。探索建立适应高等职业教育特点的校企合作机制和体制，是高等职业教育特色办学和提高人才质量的基础性条件。经过近30年的实践探索，尤其是21世纪以来的创新实践，高等职业教育应以服务为宗旨、以就业为导向，走产学研相结合发展道路的办学方向已非常明确，推进校企合作办学、构建工学结合的人才培养模式快速深入人心。

《国家中长期教育改革和发展规划纲要》(2010—2020年)明确指出，职业教育实行“工学结合、校企合作、顶岗实习的人才培养模式”，要“建立健全政府主导、行业指导、企业参与的办学机制，制定促进校企合作办学法规，推进校企合作制度化”。这从政策层面进一步明确了校企合作是职业教育的特色办学模式，工学结合是职业教育实现人才培养目标的内在要求。

党的十八届三中全会提出："加快现代职业教育体系建设，深化产教融合、校企合作，培养高素质劳动者和技能型人才"。一方面，要注重同步规划职业教育与经济社会发展，协调推进人力资源开发与技术进步，推动教育教学改革与产业转型升级衔接配套，突出职业院校办学特色，强化校企协同育人。另一方面，要健全企业参与制度，"研究制定促进校企合作办学有关法规和激励政策，深化产教融合，鼓励行业和企业举办或参与举办职业教育，发挥企业重要办学主体作用"。"支持企业通过校企合作共同培养培训人才，不断提升企业价值。企业开展职业教育的情况纳入企业社会责任报告"。随着现代职业教育体系工作的不断推进，企业和社会各界参与职业教育已经成为共识，教育部联合有关行业组建了59个行业职业教育教学指导委员会，基本覆盖国民经济行业所有门类，会聚专家2600余人，其中行业企业一线的专家达600多人。在中央政策文件的推动下，我国高等职业教育进入快速发展阶段，国家已经意识到产教融合、校企合作对职业教育发展的重要性，并且在政策上进一步对产教融合、校企合作，以及工学结合等"合作教育"的不同层面进行了规范，提出了新的、较为具体的要求。

事实上，在校企合作体制机制建设方面，我国高等职业教育界都在积极进行探索，尤其是国家示范性高职院校，以"示范"建设为动力，大胆改革、锐意创新，积累了不少成功的经验。但同时我们也看到，校企合作长效机制的建立还面临着诸多问题，如何进一步创新思路、探索实践，推动校企合作从宏观框架走向微观操作，从单一目标走向复合功能，从简单叠加走向综合互动，仍然是摆在众多高职院校面前的紧迫课题。

浙江金融职业学院作为全国首批示范性高职院校，在几十年办学过程中，始终走在改革创新的前列，学校学历层次不高但学生成才率高、办学规模不大但品牌影响大。在“示范”建设过程中，学校从实际出发，充分利用自身优势，积极构建“行业、校友、集团共生态”开放办学模式，并将校企合作落实到专业（群）层面，构建以专业（群）为单元的校企合作开放育人平台。尤其是构建主体专业群校企综合体（金融专业），普适性专业校企合作有机体（会计专业），创造条件、积极建设校企合作共生体（即充分利用校友创办企业和校友管理企业优势，以培养学生创业能力为重点，促进校企合作的有效开展）等方面成效显著，同时也拓宽了校企合作的建设视野。

第二节 构建校企合作长效机制

一、着力建设以专业群为单元的综合功能校企合作体

近年来，各地高等职业院校在国家法律法规范围内，解放思想、大胆创新，在校企合作方面进行了积极探索，取得了许多经验，尤其是国家示范性高职院校先行先试、大胆改革，更结出了许多成果。浙江金融职业学院作为国家首批示范性高等职业院校建设单位，从 2006 年开始，紧密结合自身办学特点和优势，按照“传承行业优势、服务地方经济、培养实用人才”的办学定位，坚持“就业立校、服务强校、合作兴校”办学方针，以人才培养工作为主体，全面履行高职院校四大职能，在“行业、校友、集团共生态”办学模式推进过程中，在校企合作体制机制创新方面取得了显著成果，既推进了学生就业和人才培养质量的提高，也促进了学校继续教育、岗位培训和社会服务功能的拓展，全面提升了学校的综合办学效益。

(一)以金融专业群为主体,构建校企合作综合体

金融专业群主要为银行类、证券类金融机构培养柜面服务与客户经营类基层一线复合型人才。学院充分利用、不断拓展合作机制,与浙江省内外银行和证券类机构联合组建以订单式培养为载体的银领学院、以开展岗位培训为主体的浙江金苑培训中心、以开展应用型研究为主体的浙江地方金融发展研究中心、以应用型人才培养为重点的应用型金融人才培养研究院、以考证考级服务为重点的技能鉴定中心。这五个功能主体连同金融系(教学单位)共同组成校企合作综合体,同时履行学生订单培养,学生实习就业,银行职员培训,社会人员考证考级,校、企、政共同实施发展战略研究或应用型研究。“十一五”期间,综合体每年为金融机构输送毕业生 1000 余人,共 6000 多人,培训在职员工约 28000 人次,考证考核 12000 人次,合作开展课题研究纵向经费约 100 万元,横向经费 200 余万元;金融机构为学生奖学金捐款 500 余万元,金融专业群学生就业率 98%左右,获得各类收入约 2000 万元,全面履行了人才培养、科学研究、社会服务三大职能,实现了学校教育与职业培训并举,全日制与非全日制并重的要求。

(二)以会计专业群为主体,构建校企合作有机体

会计专业群(会计系)是学校重要的教学单元,同时,学校充分利用各种有利条件创立了浙江众诚资信评估公司,组建了专门研究机构——浙江众诚会计与信用研究中心,在这三个组织之上,学院探索形成了校企合作有机体——众诚会计学院。由于浙江众诚资信评估公司以借款企业信用评级为主营业务,与金融机构联合开展评估,进而推进了三层次(公司、联评金融机构、参评企业)就业与合作网络的形成;众诚会计学院同时也拥有了人才培养、科学研究、社会服务三大职

能。在相互合作过程中，教师教学即工作，学生学习即工作，企业合作即育人，会计系、评估公司、研究中心三方领导相互兼职，中层互任，人员互聘，成为一个合作共赢的有机体，同时又将传统的教室、实验室和工作室功能集为一体，使其成为学习工厂。整个有机体形成了人力、财力、资源的对流共通、综合利用，有利于学生优质就业、对口就业和顺利就业目标的实现，有利于学校双师素质、双师结构、双师团队的形成，有利于企业人力资本、经营环境、社会形象的优化，创新了财经类高等职业教育的办学体制和机制。

(三)以商贸专业群为主体，构建校企合作共生体

在我国高等职业教育中，商贸类专业占有很大的比重，这些专业毕业生就业有很大市场、创业有很大空间，而对这些学生的知识、能力、素质培养，后两者显得更为重要。针对上述情况，浙江金融职业学院商贸类专业群围绕不动产经纪、中小外贸企业开展校企合作，以培养学生创业能力为重点，把学生就业与向创业发展结合起来，在与企业合作中教育培养学生，同时培养的一部分优质学生又创办新的企业，成为新的校企合作伙伴，从而实现了校企合作共生体建设的目标，使合作更有针对性、现实性和有效性。

二、高职院校主体专业(群)校企合作综合体建设的理论与实践

(一)主体专业(群)内涵建设是高等职业教育特色和生命力所在

随着高等职业教育从规模扩张阶段向内涵建设阶段的推进，规模发展、校舍建设已不再是院校的工作重心，取而代之的是高等职业教育的质量提高和特色办学，其也成为高等职业教育具备不可替代性的关键要素，而要推进以质量和特色为中心的内涵建设，关键是要以专

业建设为龙头，以重点专业带动特色专业(群)发展，专业与专业(群)建设成为基点和关键。

1. 专业与专业(群)建设与高等职业教育办出特色

一种教育类型要有生命力，必需有其特色和存在的价值，或者说在人才市场上具有不可替代性。在高等教育大众化不断推进，人民群众期待接受更多本科教学，本科教学资源也日趋充分的情况下，高等职业教育之所以在一些地区和院校受到青睐和欢迎，关键是基于人才市场需求的培养定位，也就是具有应用性特色。通俗地说，高等职业教育必须有区别于本科教学、专科教学的不同特点，不同高职院校的相同专业之间也应该有不同的特色，即专业特色和特色专业。无论是专业特色还是特色专业都说明，必须将人才培养工作的落脚点落实到专业和专业(群)上，以专业与专业(群)建设的成绩来彰显高等职业教育的特色和生命力。

2. 主体专业(群)建设对高等职业教育特色办学具有决定性意义

职业教育的基本特点是高教性与职教性的统一，因此，政府主导、行业指导、企业参与是重要特征。一般而言，一所高职院校也不可能像综合性大学那样做到面面俱到、涵盖各方，尤其是一些行业性色彩较强的学校，总有一个或若干个主体专业(群)。所谓主体专业(群)就是与学校办学行业和区域面向最近，办学规模较大，社会影响最广的专业(群)。如机电职业技术学院的机电类专业，金融职业学院的金融类专业，旅游职业学院的旅游类专业。即使是一个相对综合性的高职院校一般也有一些特色和主体专业。主体专业(群)由于其规模和影响，有的甚至与校名连在一起，因而受到人们普遍的关注和重视，因此，其办学水平可以决定和影响一所高职院校的生命和存在的价值。我们通常所说的办出水平、办出特色，或者说，一所学校有没有特色，主要是看三条：一是与本科教学同类专业相比，该专业有什么特色；二是与其他地区高职院校相比，这所学校和专业有什么特色；三是与本地区同类学校相同专业比较，本院校的专业有什么特色，而主体专业（群）更是最直接的参考和比较对象。

（二）主体专业（群）建设必须建筑在广泛深刻的校企合作基础之上

如前所述，主体专业（群）内涵建设对一所高职院校办出特色和水平意义重大，休戚相关。因此，在高等职业教育推进内涵建设过程中，专业和专业（群）建设受到普遍重视，而主体专业（群）更应受到重视。

1. 专业（群）内涵建设的核心要素

办好主体专业（群）的要素很多，至少应该包括以下方面：一是好的师资队伍，即主体专业（群）必须有一支数量充足、素质精良、结构合理的教师队伍。在师资队伍中，尤其要有一定数量的高水平专业带头人，有一定数量的骨干教师。二是好的实习实训条件。高等职业教育不同于普通学科性教学，它必须学理结合、学会学习、学会做事、富有素养、拥有技能，这是高等职业教育的培训目标。正因为这样，建设真实（仿真）的工作环境，具备实际操作的条件，是高等职业教育必备的要素。三是好的人才培养方案及其培养模式。人才培养方案是一张施工路线图，它确定了人才培养的规格和目标、培养内容和课程体系、培养途径和方法、毕业的要求和考核目标等。知什么、会什么、怎么知、怎么会，都具有指导意义。正因为如此，在国家示范性高职院校建设验收检验中，专业人才培养方案成为必查重点。

2. 核心要素的形成源于校企合作

进一步的分析可知，无论是师资队伍建设、实习实训条件建设，还是人才培养方案制订，都必须建立在以开放办学为特征的校企合作基础之上。(1)通过校企合作，了解人才需求。通过了解市场的需求，人才培养的规格，对从业人员知识、能力和素质的要求，了解用人单位对不同层次人才的具体需求和培养重点，解决教需适路问题。只有在吃透企业需求的基础上，经过分析和判断，才能形成好的人才培养方案，这也是人们通常所说的校企合作开放式人才培养方案。(2)通过校企合作，才能建设专兼结合的“双师”素质教学团队。一方面，专任教师提高实践水平和职业能力、了解实践增强双师素养，必须通过企业实践来取得；另一方面，来自企业的兼职教师是双师结构教学团队的重要来源和组成部分，正因为这样，高职院校专业和课程教学团队的好的机制，必须建筑在校企合作基础之上。(3)实习实训条件建设更有赖于校企合作。一般而言，高职院校会建设一定数量和规格的校内实习实训设施，但可以肯定地说，即使是最先进、最有条件的学校也无法满足学生实习的所有要求，除去技术的滞后性、空间的有限性不说，有些甚至无法有条件创造真环境，如银行、证券、会计等，必须通过规范的校企合作才能形成。

(三)主体专业(群)校企合作综合体建设及其成效

浙江金融职业学院是全国首批 28 所示范性高职院校之一，金融专业是重点建设专业，也是该院主体专业，金融专业(群)也是主体专业(群)，规模约占全院 1/3 强。在示范建设中，学院充分利用其历史、人文和资源优势，以“行业、校友、集团共生态”开放合作办学模式为依托，校企联合先后创设了银领学院、金苑培训中心、人民币反假鉴定培训推广中心、外汇从业资格考试中心和银行从业资格考培点等法人或非法人组织。建立了应用型金融人才研究院和浙江地方金融发展研究中心，巧妙地把在校学生的学历教育与岗位培训结合起来、在职员工的岗位培训与考证考级结合起来，整个行业企业的人才需求和科研服务结合，发挥了校企合作综合体的各种功效。

1. 主要举措

(1)与订单培养企业共同组建银领学院。银领学院以订单培养为起点,以校企合作为平台,以开放办学为特征,以双师教师为依托,以工学结合为载体,以优质银领为目标,建立文化订单培养模式,建立由中央银行行家为主体的宏观金融理论与政策兼职教学团队。金融监管部门行家为主体的金融合规经营与风险管理兼职教学团队,订单金融机构行家和业务骨干为主体的职业素质和职业技能兼职教学团队。实施订单培养,实现了学历教育与岗位培训的有机结合,每年培养在校学生 1000 多人,近 5 年共培养 6000 余人,不仅全覆盖了金融专业(群),而且还惠及了相近专业(群)。(2)与浙江省银行业协会和浙江省小额信贷协会共同建立银行从业人员资格考培点。每年组织在校学生、协会成员单位员工进行从业资格考试,每年参考人数 3000 余人次,考核合格率达到 60%以上,高于全国平均水平近 20 个百分点。(3)与省内主要金融机构合作组建金苑培训中心,承担岗前培训、转岗轮训、新业务新知识培训、高级管理人员研修等职能,形成多层次、立体化岗位培训体系,每年培训达 28000 人次,产生经济效益 1000 余万元。(4)与中国人民银行、国家外汇管理局合作,开展银行从业人员人民币反假、外汇从业资格培训考试等工作,对在职员工和在校学生进行普遍性岗位培训。(5)与浙江省人民政府金融办等单位合作,参与浙江省金融发展规划,金融企业经营管理规划方案的制订,承担纵向和横向课题数十项,产生了明显的经济效益和社会效益。(6)与省内主体金融机构合作。组建浙江金融职业学院发展理事会和应用型金融人才研究院、浙江地方金融发展研究中心。常年开展金融人才需求调研和咨询恳谈,分析金融人才供需情况,研究金融人才培养规格和路径,构建金融供需相结合的有效机制。

2. 具体功能

浙江金融职业学院以金融专业(群)为基础,以校企合作为纽带,运用多种途径,建立了银领学院、浙江地方金融发展研究中心、应用型金融人才研究院、金苑培训中心、外汇从业资格考培点、银行从业资格考培点、人民币反假考培推广中心等组织,实现了综合办学功能,构建了校企合作综合体。其综合性主要表现在:(1)人才培养功能。通过与合作企业实施订单培养把全日制学生学历教育与岗前培训有机结合起来,很好地贯彻了以就业为导向的教学目标的实现,实现了毕业生顺利就业、对口就业、优质就业。据统计,银领学院的毕业生当年年薪约为 5 万元,第二年后一般达到 6 万—8 万元,甚至更高。(2)岗位培训功能。全日制教育与非全日制教育并重,学校教育与职业培训并举,这是“教育规划纲要”对职业教育提出的目标要求,通过校企合作,学校把合作企业的培训工作揽入门下,资源利用率高,培训规模大,社会效益和经济效益都比较好。(3)科学研究功能。充分利用教师资源,凭借对合作企业和市场的了解,把握需求,广泛开展课题研究,提升了教师了解实践、了解行业的能力,更提高了教师科学研究和服务决策的能力。(4)考证考级功能。把大量行业从业资格证书培训、考试引入学校,设立专门考培点,从而较好地发挥了职业教育的功能,推进了社会服务工作。

近年来,浙江金融职业学院提出办好一个主体(全日制学历教育)、做强两个侧翼(继续教育和社会服务)、建设三个中心(金融职业人才培训中心、金融技能考证鉴定中心、金融科技信息服务中心)、打造三个基地(金融职业教育资源建设基地、高职财经类专业师资培训基地和高等职业教育理论与政策研究基地)的“一二三三”办学功能定位。金融专业(群)以校企合作综合体建设的成功实践,发挥了在三个中心建设中的主要作用、三个基地建设中的重要作用和整体改革发展中的领跑作用,金融专业核心课程教学团队被评为国家级教学团队。

三、构建以专业群为单元的校企合作有机体

(一)基本框架

浙江金融职业学院会计专业群,在学校教学运行模式中称为会计系。该院作为国家首批示范性高等职业学院,会计专业又是全国重点建设专业,以会计为重点专业带动财务管理、信用管理等专业形成专业群。在示范建设进程中,该系以示范建设为契机,充分利用自身优势、品牌资源和综合条件,开创性地进行了校企合作深化研究和实践。与浙江众诚会计与信用研究中心、浙江众诚资信评估有限公司及其合作伙伴,共同建设了浙江众诚会计学院,实现了实训基地与公司工场、教师队伍与公司员工、教师队伍与研发队伍、专业学生与初审职员、学生实践与毕业就业的有机合一,取得了明显成效。其基本框架是:

1. 浙江众诚资信评估有限公司(以下简称众诚公司)

浙江众诚资信评估有限公司是由学校与浙江省银行业协会等单位共同创设的股份制资信评估公司,其资本实力、联评银行、参评合作企业和综合信用会计业务为全国信用行业骨干企业,浙江省最大企业、合作评审借款企业公司10000余家。

2. 浙江众诚会计与信用研究中心

浙江众诚会计与信用研究中心是由学校和众诚资信评估公司、浙江省信用协会等单位共同成立的研究机构,主要承担各种纵向和横向研究课题。如企业和区域信用体系建设提供科研服务,有较大的外部合作网络和资源。

3. 浙江金融职业学院会计系

浙江金融职业学院会计系是浙江金融职业学院重点系部之一,在教育部高职高专会计专业教指委副主任委员、浙江省高职会计专业教

指委主任单位，会计专业群规模较大，师资力量雄厚，办学特色鲜明，人才培养质量较高，毕业生广受欢迎。

(二)运作模式

学院会计系与众诚公司本来就有资本、人脉上的渊源关系。在示范建设过程中，学院认真理解示范文件精神，积极探索校企合作新路子，创新人才培养模式，联合三方共同组建了浙江众诚会计学院，冠名了众诚会计教学楼，共同建设了近千平方米的学习(实践)工场，形成了三方合作、互动有机、相互渗透的会计专业群校企合作有机体，形成了百名教师(含专任教师和公司员工)、千平方米工场(含实训室和工作室)、千名学子(含实习和工学结合)的“百千千”合作局面，具体做法是:

1. 组建由会计系、众诚公司、众诚信用与会计研究中心共同参与的众诚会计学院。由公司总经理任院长、会计系主任任执行院长、研究中心主任任副院长，同时会计系主任兼任研究中心副主任和公司副总经理，形成相互兼职、一体运作的合作格局，部门经理和教研室教师也相互兼职。

2. 共同建设会计专业群有机体运作工场。工场既是学生实习实践和工学结合的基地，也是资信评估公司员工(学生参与)初评、复评的工作室、综合使用。

3. 公司与会计系共同形成五环紧扣、五位合一的服务与育人机制。五环紧扣，即公司业务运作上营销受理(主要由专职员工担任)、业务初评(主要由员工教师和学生担任)、业务初审(主要由高职称教师和公司部门经理担任)、业务复审(主要由公司高管和合作金融机构主管领导担任)、业务终审(主要由公司聘请的专家委员会担任)一起完成。五位合一，即在会计专业群有机体工场实现“工场教室合一、学生学德合一、教师专家合一、教学科研合一、作业成果合一”。

4. 会计系骨干教师兼任公司部门管理工作。一般教师担任公司业务员，公司骨干员工和专家担任会计系兼职教师，公司合作金融机构高管和专家及公司专家委员会成员担任客座教授。学院骨干教师、公司骨干员工和合作金融机构的专家委员会共同组成研究中心研究团队，三方有机合一，形成校企有机结合，共同育人机制，并承担科研社会服务和信用文化传承宣传职能。

（三）会计专业群校企合作有机体的内在机理

从浙江金融职业学院校企合作有机体运作情况看，应该说，它对高等职业教育校企合作具有普遍意义、创新功效和推广价值。其内在机理和改革意义在于：

1. 校企合作有机体各自职责和功能明确

（1）众诚公司三大任务。主要是为增加经济效益做贡献，为推进教学创新做示范，为实现社会效益创品牌。（2）会计系部三大任务。主要是为实现教学创新做示范，为打造一流专业创品牌，为拓展全国影响做贡献。（3）研究中心三大任务。研究信用发展及信用文化，研究会计业务与改革，研究金融改革与业务创新。

2. 校企合作有机体统一定位目标清晰

（1）在教学和业务活动中创造公司经济效益，即严格规范做好资信评级业务，充分利用师生力量开展业务活动，从而促进公司经济效益增加和提高。（2）在教学和业务活动中培养专门人才，即充分利用实践育人平台，在传授业务知识、从事实际操作过程中，促进学校人才培养工作的有效开展和人才培养质量的提高。（3）在教学和业务活动中增添社会财富。因为这项工作有利于社会信用体系建设，有利于诚信文化的传承，从而为和谐社会建设和企业发展创造丰富的财富。企业信用等级评审活动，既涉及了会计业务、金融业务等专业综合知识，也练就了会计综合技能，并充分利用其他公司、合作金融机构和参评企业平台安排实习和就业，以真正把就业为导向、服务为宗旨、产学研相结合的发展道路落到实处。

3.全体员工在校企合作体的作用发挥充分

(1)教师实现了教学即工作的目标。教师按照会计信用的相关理论知识，结合企业信用评级的实践，在教学与实践中不仅提高了实际动手能力、了解了市场、了解了社会，而且丰富了内涵，把教学与实际工作有机结合了起来。(2)学生实现了学习即工作的目标。学生在这个平台上学习业务知识和操作技能，不仅消化和吸收了理论，懂得了社会实践和企业运作，而且直接参与和熟悉了职场工作，获得了一定报酬。(3)员工实现了工作即育人的目标。公司员工参与教学、指导学生实训和工作，在完成自身工作职责目标、创造公司经济效益的同时，顺利参与了人才培养和育人工作。

(四)会计专业群校企合作有机体的实践成效与理论价值

1.实践成效

浙江金融职业学院会计专业群校企合作有机体经过5年的深化建设，在实践上取得了显著成效，主要表现在：(1)促进了学生的顺利就业、对口就业和优质就业。会计专业群学生尽情自如地在评估公司、评估公司联评的百余家金融机构和合作参评的万余家企业三个层面实习、就业，按照懂信用、熟练金融业务和会计业务操作的培养目标，连续五届毕业生就业率均达到98%左右，初始起薪率5万元以上，三年后达到10万元左右，毕业生受到用人单位欢迎，人才培养工作受到家长热捧。自主招生每年招考率达20∶1左右，普招学生考分居全省第一。(2)促进了公司业务良性发展和健康运行。浙江众诚资信评估公司综合利用合作学校品牌和系部师生人力资源，拓宽业务范围、业务运作规范、事业稳步发展，已成为全省资信评估行业第一品牌和全国行业骨干，受到监管部门好评，年创收入3000余万元，直接经济效益300余万元，评定企业等级10000余户，服务信用浙江建设成效显著。(3)众诚研究中心品牌效应彰显。由于研究工作源于教学、源于业务实践，课题来源真实、课题合作渠道广泛、课题研究队伍整齐。近年来，不仅成为浙江会计、信用类学术机构多个副会长、常务理事单位，而且承接了省自然科学、省哲学社会科学、省人文社科重大攻关等课题10余项，年横向课题经费超过100万元。(4)众诚会计学院为社会创造了大量财富。几年间，众诚会计学院开发了浙江省人力资源和社会保障厅信用管理师行业标准；编撰了考证考级教材，承担了考证考级培训工作，编撰了一些基本教材、考证教材和指导教材，面向学生、面向公司、面向社会开展了考培工作，受到了广泛好评。

2. 理论价值

会计专业群作为高等职业教育改革创新探索过程中的新成果，不仅具有实践成效，更具理论价值和推广价值。主要表现在：(1)校企合作产生了生物效应。我们认为，传统的协议合作只具有数学效应，会实现"1+1大于2"的成效，而订单培养等模式具有物理效应，具有立体功效，而校企合作的企业学院具有化学效应，产生综合功效，而校企合作有机体建设的影响远远超出了合作本身，形成了综合立体功效。众诚会计学院成为人才培养社会服务、科学研究、文化传承有机体，成为一个集学生学习就业、教师挂职锻炼、公司创造经济效益、共同创造社会财富的有机体。(2)互兼机制具有积极意义。在众诚会计学院内，实施"领导班子互兼、中层干部互任、教师员工互聘"，这种"三互"机制，有利于实现人力、目标和运作上的协同，真正实现校企共同教书育人、共同创造财富、共同服务社会的目标，有利于全面实现高等职业教育的社会价值。(3)推进共生态办学模式进一步深化。浙江金融职业学院近十年来探索建立"行业、校友、集团共生态"开放合作办学形式，在高等职业教育界产生了重大影响力，会计专业群以有机体建设的成果不仅彰显了共生态合作办学模式的科学价值，而且也进一步推动了共生态办学模式的深化，对高等职业教育校企合作体制机制建设具有重要促进意义。尤其是，会计专业是中国职业教育和高等教育最具普适性的专业，也是招生量和在校生最多的专业，财会类实践教学是公认的难度较大的专业之一，浙江金融职业学院的实践和探索更具广泛而深远的理论意义。

四、与校友企业合作建立“校企合作共生体”

怎样解决高等职业教育客观存在的校企合作深化难、有效难、可持续难的问题，不仅校方在呼吁，理论界在探索，政府主管部门，尤其是教育行政主管部门也在呐喊。与此同时，社会各界建议国家起草并颁布校企合作条例或法律的呼声也十分高涨。对此，《国家中长期教育改革和发展规划纲要》明确指出，要“建立健全政府主导、行业指导、企业参与的办学机制，制定促进校企合作办学法规，推进校企合作制度化”。笔者以为，这无疑是有意义的，但如果我们能够换一个角度来研究和思考问题，也许会有“山重水复疑无路，柳暗花明又一村”的前景，这就是与校友企业合作探索建立校企合作共生体，实现人才培养、科学研究、社会服务、文化传承的全方位功能。

(一)操作思路

1. 全面发展和梳理校友资源、整理校友企业

也就是说，通过全面整理校友史料，了解校友事业发展情况和行业分布情况，把校友个人创办、投资入股或校友担任主管的优质企业梳理出来，作为开展校企合作的首选对象。

2. 加大在校学生创业能力培养,鼓励学生创办企业

也就是说,从战略上把培养学生的创业意识、创业能力放在突出位置,鼓励和支持学生自主创业,充分利用国家各种政策资源和优势为毕业生创业提供各种便利条件,鼓励各专业毕业生联合创业。

3. 对毕业生创业和校友企业进行联络整合,促进校友间的有效合作

也就是说,把学校毕业生创办的企业和校友所在的企业作为校企合作的首选和重要对象,创造条件进行深入友好合作,并在合作中促进校友企业的发展,在校生实习就业工作的顺利进行,进而推动母校事业的发展。

(二)内在功能

我们认为,把校友所在企业和毕业生创办的企业作为校企合作的首选对象,其意义和功效比较特殊。

1. 合作方便直接

校友与母校具有特殊的学缘和人脉关联。校友对母校、对母校教师感情比较深厚,学校对毕业学生和校友比较了解,知根知底,平时也不乏联络,而且还通过校友会等组织从中联络组织,对校友所在企业的具体情况也比较了解。这样,实施校企合作比较自然、比较简单,也更为有效。

2. 发展共生共赢

由学校鼓励和教育在校学生自主创业,到毕业学生创设企业(或通过努力发展成长为企业管理者,形成校友管理企业,两类企业统称为校友企业),再由学校与校友企业进行校企合作,推进母校办学体制创新和人才培养模式改革,进一步促进学生就业创业能力的培育,由此形成一个良性循环机制,毕业生不断创办新的企业,发展校友企业事业，学校不断扩大和赢得更多的合作伙伴，使校企合作成为母校和学生共同发展的共生体，在实践中不断共生成长，既推动了区域社会的发展，更促进了教育教学改革和发展。

3. 实现十大功能

胡锦涛在清华大学百年校庆时对全面提高高等教育质量，提出了“四个必须”，实际上从一个侧面阐述了高等教育的四大职能。我们认为，通过建设和发展校企合作共生体，这是贯彻落实“四个必须”的最为有利的途径。母校和校友企业共同形成的校企合作共生体，既有利于母校人才培养模式工作的深入和有效开展，也可以充分利用各种资源，推进教师的科学研究和学校的社会服务，更重要的还在于，由于母校与校友之间的特殊关联，可以在校企合作过程中自觉传承母校的校训、校风和校园精神，把优良的大学文化传递下去，把企业在经济社会发展过程中的优良企业文化和地域文化反馈并充实到学校教育教学环节当中，不断丰富校园文化的实践内涵，从而推进社会主义校园文化建设。

(三)建设校企合作共同体的实践

浙江金融职业学院作为全国首批 28 所示范性高职院校之一，长期以来高度重视和不断加强校友资源的开发和建设，积极发展与校友企业的深入合作，并在实践中探索和形成了“行业、校友、集团共生态”开放合作办学模式，既推进了学校人才培养工作的深入、有效开展，同时也不断丰富和扩大了学校的办学资源和社会品牌。具体的实践是：

1. 重视校友资源开发利用和建设

浙江金融职业学院及其前身浙江银行学校自 1975 年创建以来，学校先后为中国金融和经济战线培养了 50000 余名职业化专业人才，成为浙江乃至中国社会主义现代化建设的中流砥柱和重要力量。学校虽然办学的学历层次较低(早期为中专,2000 年后升格为高职),但是教育质量好、人才产出率高;办学的直接规模不大,但社会声誉好、校友凝聚力强,其毕业生约占浙江省金融从业人员的 1/4,据媒体估测并报道,学校大约培养了 5000 名各级次行长,学校因此被誉为全国著名的行业领军人物摇篮和“金融界黄埔军校”。学校在建设发展过程中,首先善于和发展校友资源,并早在 1995 年就成立了法人性质的校友总会,并在全国设立分会,按照“强化总会、优化市地、深化县域”的原则,加强各级校友会组织建设。在实践中,学校把校友作为一种资源去积聚,作为一种力量去汇聚,作为一种文化去传承,作为一种人心去凝聚,作为一个平台去搭建,作为一个桥梁去架构,作为一个市场去开发,作为一个品牌去建设,并把校友文化育人作为学校文化建设的重要组成部分。

2. 积极主动开展与校友企业的合作

校友是学校发展中最为重要的品牌力量,它是社会支持力量与自身发展力量的最佳结合点,完善共生态办学模式,需要行业的支持,更需要校友的努力,对于每一位校友来说,这不仅是一个意愿,更是一种责任。学校充分利用校友会组织网络,通过校友带校友、校友连校友、校友助校友等途径,梳理校友资源网;按照关注并帮助每一位校友成长的方针和巩固老校友,开发新校友、重视成就校友、关注弱势校友的原则,以把校友会建设成为“成就校友的名园、成长校园的乐园、全体校友的家园”的理念;认真做好校友会工作,并积极主动整合资源与校友企业开展合作。除了签订合作协议,聘请资深校友担任兼职教师,聘请杰出校友担任专业指导委员,把校友企业作为学生就业实习基地和教师挂职锻炼基地,由校友企业出资设立奖学、奖教金等,还推动校友和母校师生一起进行科研开发和课题研究，形成了一大批校企合作共生体，推动了校企合作育人工作的不断深化。

3. 形成学校事业和校友事业良性互动机制

学生是学校的“产品”，母校是学子的港湾，校友企业是学校合作发展的共同伙伴。为了使“产品”（毕业生）更优秀，为了使港湾（母校）更温馨，学校与校友企业各自充分利用资源和信息等有利条件积极开展校企合作，并不断简单向深入、从单一到全面、从业务到文化。校友和校友工作可发挥六个方面的作用，即在办学发展中发挥文化传承作用，在课堂教学中发挥专业传递作用，在职业实践中发挥岗位传输作用，在学生成长中发挥价值传导作用，在教师工作中发挥能量传送作用，在社会影响中发挥品牌信息传达作用。在这一合作过程中，学校争取广大校友继续给予母校支持和帮助，尤其在支持母校兼职教师队伍建设、实习实践基地和产学合作基地建设、毕业生就业工作上给予更大的帮助；而校友企业充分利用母校品牌和文化资源扩大了发展机会，提升了发展品牌，实现了又好又快的发展，共同实现了你好、我好、大家好！

通过上述分析和研究，笔者得到的结论是：高等职业教育开展校企合作势在必行，必须大力开展、深入进行；高等职业教育开展校企合作的途径多种多样，应该充分利用各自资源优势具体实施并不断进行创新创造，高等职业教育开展校企合作既需要国家政策乃至法律层面的支持，更应该鼓励各所学校从自身条件出发，路在脚下，校友企业就是一个丰富的资源。从长远和战略的角度看，通过加强对学生创业意识和创业能力的培养，提高毕业生的创业能力和实践效果，建设并拓展一大批校企合作共生体，既利于学校发展、学生发展，更利于民族的振兴和国家的繁荣，我们应该有这样的高度，去认识、去努力、去实践。

第三节 以混合所有制理念办德清学院

2015年7月15日，浙江金融职业学院、德清县人民政府、浙江省农村信用联合社在德清联合签订合作协议，决定在2013年签订战略合作协议并设立金融服务外包学院的基础上，合作创办混合所有制的德清学院，制定并实施《浙江金融职业学院德清学院办学实施方案》，探索以混合所有制理念和面向行业实际需求创新办职业教育。

一、合作搭建培养培训平台，共育人才，满足浙江省长三角金融后台基地对现代金融人才的迫切需求

浙江省在我国经济转型发展形势和国家政策要求背景下，加快发展金融业具有重大责任和战略意义。2008年浙江省出台了《关于浙江金融业深化改革加快发展的若干意见》，2013年在德清建立全省唯一的浙江省长三角金融后台基地，并于2015年又实施了《浙江省金融产业发展规划》。其中，就明确将德清县战略定位为长三角地区金融服务外包产业基地，立足湖州生态金融规划，发展现代金融服务业。2014年浙江省分管金融的副省长批示，要求利用长三角金融后台基地的机构，搭建与后台相关的技术研究平台和交流培训平台，为金融机构后台的从业者提供交流和提升的机会。实际上，现代金融人才的输送及其培养培训平台的搭建，已经成为长三角金融后台基地建设发展的迫切需求，并鉴于德清区域发展实际，人才的本土化培养要求也日趋强烈。因此，合作创办德清学院，共同培养现代金融人才，就是推进建设浙江省长三角金融后台基地，贯彻落实浙江省战略决策部署和省领导批示精神的一项具体举措。

创办德清学院，其目的在于通过校、政、行、企合作，为浙江省金融后台基地培养急需的高素质技术技能型金融人才，为全省金融业转型发展做出积极贡献。同时，此举也体现了校、政、行、企分别作为人才培养主体者、区域发展主导者和金融人才需求者，在合作搭建培养培训平台，共育金融人才，共谋事业发展方面所达成的高度共识和付诸的有益实践。

二、加强校、政、行、企合作，深化现代职教体系建设，创新职业教育办学体制

2014 年全国职教工作会议和国务院《关于加快发展现代职业教育的决定》(国发〔2014〕19 号)明确要求，加快职业教育发展，创新各层次各类型职业教育模式，形成适应发展需求、产教深度融合、中职高职衔接的现代职业教育体系。建立政府、企业和其他社会力量共同发挥办学主体作用，探索发展允许以资本、知识、技术、管理等要素参与办学并享有权利的混合所有制职业院校。其中，创办混合所有制的职业院校则是党的十八届三中全会提出的发展国有资本、集体资本、非公有资本等交叉持股、相互融合的混合所有制经济这一方针在发展职业教育中的体现。合作创办德清学院，首先确立了其以混合所有制理念探索创建办学体制，同时采取中高职一体化的办学形式。

根据《浙江金融职业学院德清学院办学实施方案》，浙江金融职业学院以高职阶段的办学场地、管理、师资及参与指导中职阶段教学和中高职一体化办学等为要素投入，占德清学院 51% 的股份；德清县政府安排德清县职业中等专业学校以其学校办学场地、校内外实习实训基地、师资等为要素投入，占德清学院 29% 的股份；省联社以提供实训实习场地和就业岗位、共同制定人才培养方案和共建师资队伍、参与教育和教学改革等为要素投入，占德清学院 20% 的股份。此举是进一

步深化校、政、行、企合作，推进产教深入融合，创新职教办学体制，实现生产要素在职教改革领域优化配置的生动实践。

同时，德清学院采取中高职一体化的办学形式，是有效衔接高职、中职两个层次教育的有效路径，是职业教育办学的创新形式和重要类型，深入探索和实践中高职一体化办学形式，对助推浙江省乃至全国职业教育改革发展具有深远意义。

三、发挥不同主体作用，明确参与办学权责，构建职业教育办学新机制

根据《浙江金融职业学院德清学院办学实施方案》，德清学院创设后，要形成董事会领导、监事会监督、领导小组指导下的德清学院院务委员会负责的管理机制。同时，明确德清县政府要通过县金融办、教育局等有关职能部门发挥主导作用，将德清县职业中等专业学校作为德清学院办学地点，由浙江金融职业学院指导德清县职业中等专业学校完成德清学院中职阶段人才培养工作，并以制定政策措施、投入专门经费等为政府支持手段，推进德清学院建设和发展；浙江金融职业学院负责德清学院高职阶段人才培养工作；省联社参与德清学院师资队伍建设、课程建设和教学改革，与德清学院开展订单式人才培养，保障和促进学生就业。

同时，在德清学院建设发展第一阶段，涉及的经费支出均由合作三方各自承担。有关德清学院专业设置、招生规模、师资配置、课程设置等事项，均由院务委员会研究，在共同制定的人才培养方案中予以明确。此外还明确，合作三方要通过加强合作，优化资源配置，实现办学软硬件资源共享；充分发挥群体优势、组合效应和规模效应，共同努力打造德清学院品牌。以校、政、行、企的不同办学主体作用参与德清学院混合所有制办学，实际体现了政府对办学权责的主导

作用，学校和企业办学权责的主体作用，反映社会（市场）对办学的决定性作用。

四、巩固和充实第一阶段合作办学成果，建成混合所有制的独立办学实体

根据《浙江金融职业学院德清学院办学实施方案》，在德清学院建设发展第一阶段，合作三方将承接金融服务外包学院原有办学成果，办好电子商务、财务会计两个专业，优质完成现有200余名学生的培养工作；完善德清学院各组织机构设置和明确各方职责范围，组建董事会、监事会，充实领导小组和院务委员会，成立院务专家咨询委员会、专业指导委员会和人才培养质量考评工作小组，并通过招聘、互聘和选聘等方式，建强管理人才队伍和教学师资队伍；构建德清学院建设发展协调推进机制、人才培养量标准化体系和监督评价体系；合作开展有关行业培训和科学研究服务等工作；引入更多企业和其他社会力量共同参与合作办学，完善混合所有制办学体制建设。合作三方计划通过3至5年的时间，努力推动德清学院形成更大招生规模、更宽培养培训平台、更多学科专业、更强社会服务能力的集团化的职教办学格局。

在德清学院建设发展第二阶段，合作三方或更多方将在政策许可和条件成熟时，争取国家、省有关部门批准，以校、政、企采用资本、土地、固定资产等更多要素种类的混合投入方式，制定独立办学章程，建设独立办学校区，设立混合所有制性质的独立办学实体，努力实现德清学院、独立招生独立办学的战略目标。

第七章

做品学校

第一节　牢固树立全心全意依靠全体教师办学理念

一所高校办学质量和水平高低，是由其教师队伍的师德状态、教书育人能力和学术水平决定的。全心全意依靠全体教师办学，最要紧的是确立教师的主导地位，激发教师的潜质潜能，就是要想教师之所需，为教师排忧解难，让教师潜心治学育人。学院坚持理念先行，目标导向；建立制度，完善机制；强化考评，提供保障；始终坚持师资队伍建设战略上重视、财力上保证、工程上推动，按照数量充足、结构合理、素质精良、专兼结合、双师组合、机制融合的建设思路，以尊重教师个性、倚重教师德才、注重教师发展为基本理念，形成青年金翅膀、中年金台阶、老年金降落伞的激励机制，强化高等职业教育教师的三种经历要求、推进教师的三项能力提升、实现教师的三方融入，大力实施“教师千万培养工程”，在师资队伍工作上取得明显的成效。

一、“教师千万培养工程”的简要回顾

我院自2000年升格举办高等职业教育以来，根据《国家中长期教育改革和发展规划纲要（2010—2020年）》《浙江省中长期教育改革和发展规划纲要（2010—2020年）》《浙江金融职业学院“十二五”教育事业发展规划》等要求，进一步确立教师办学主体地位，持续推进“教师千万培养”，每年专项投入1000万元资金用于教师发展，在学院发展的各个阶段始终把打造高水平教师队伍作为一项战略工程来抓。具体而言，可分为五个阶段：

（一）规范化阶段（2000—2002年）

2001年初制定了《学院“十五”师资队伍建设规划》，明确了“十五”期间师资队伍建设目标、方向和措施。2001年底制定了《关于加强师资队伍建设的若干意见》，进一步明确了学院师资队伍建设的指导思想，明确“职业化、双师化和硕士化”的目标，提出了重视师资队伍建设，抓好双师化、硕士化教师培养等系列要求。

（二）特色化阶段（2003—2005年）

2003年3月27日，召开第一次师资队伍建设工作会议，明确提出以“职业化、双师化、硕士化”为目标，着力实施“128”工程（即重点培养10位学科、学术带头人，20名学术骨干，80名青年骨干教师），并出台相应激励和考核办法，造就一批教学名师、实践能师、育人高师，推动了中青年教师快速成长。

（三）创一流阶段（2006—2009年）

2006年，召开第二次师资工作会议，制定了《浙江金融职业学院

“十一五”师资队伍建设规划》，明确提出实施“2388”高层次人才战略（即 20 名博士、30 名教授、80 名副教授、80 名优质双师），同时启动了师资队伍建设八大工程（即教授工程、博士工程、学术带头人培养工程、优质双师培养工程、专业带头人培养和管理工程、青蓝工程和兼职教师规范化管理工程、师德教风提升工程）。实施兼职教师规范化建设工程，根据高职院校的特点，在提高专职教师水平的同时，认真做好兼职教师聘任和管理规范化工作。

（四）再提升阶段（2010—2013 年）

2010 年 3 月 17 日，召开第三次师资队伍建设工作会议，提出了师资队伍建设的总体方向和主要措施，即用 4—6 年的时间培养，“151 工程”为抓手，提高师资队伍的整体水平和综合实力。实施新内涵的八大工程：师德教风提升工程、学科（学术）带头人培养工程、专业带头人队伍提升工程、青年骨干教师培养工程、教学与课程建设带头人工程、博士工程、国际化高端师资培养工程、青蓝工程。着力培养 10 名学科学术带头人、50 名专业带头人和 100 名青年骨干教师。鼓励、资助、奖励教师在职攻读博士学位，鼓励、资助、推动教师晋升教授专业技术职务。实施青蓝工程，发挥老教师传帮带作用，采取出国学习、访问学者、挂职实践、系统培训、基本功达标竞赛，鼓励攻博、学术交流等多种途径，促进老中青教师互动发展。

2012 年 3 月 21 日，召开第四次师资队伍建设工作会议，进一步确立教师办学主体地位，继续推进“教师千万培养”，推进教师发展中心建设，制订了人才引进办法，出台了提高现有人员素质的鼓励措施，梳理了充实指导原则，在健全考评机制的基础上，以全员聘任制、绩效工资改革为载体，较好地处理了各方面、各层次、各类型人才的关系；组建形成专业带头人团队，通过积极培养和奖惩机制建设，打造教学团队、科研团队、社会服务团队，提高教师的教学与职业培训能力，育人与职业指导能力，科研与社会服务能力。2012 年 9 月，学院全面实施“攀越计划”，包括教师素质提升计划，以切实加强师资队伍建设为建设“国内一流、国际知名”高职院校提供强大的人力支撑和发展保障。

（五）续创辉煌阶段（2014 年至今）

2014 年 3 月 18 日，召开第五次师资工作暨教师“千万培养工程”再推进大会，大力加强青年教师培养和提高，以“五师共育”为抓手，实施“十大计划”，即师德教风提升计划、“金晖学者”（学科学术带头人）培养计划、专业带头人提升计划、教学与科研团队培养计划、“金星闪光”（中青年骨干教师）培养计划、博士培养计划、“双师”培养计划、教师信息素养提升计划、教师国际素养提升计划、青年教师助讲（青蓝工程）培养计划。出台了《浙江金融职业学院教师职业发展指引》《“金晖学者”岗位制度实施办法》及“十大计划”实施办法，拟订《浙江金融职业学院“人才工程”指南》等制度，以制度规范推进师资队伍建设。

二、“教师千万培养工程”的主要举措

（一）顶层设计引导师资队伍建设科学化发展

学院全面对照《国务院关于加强教师队伍建设的意见》《浙江省人民政府关于加强教师队伍建设的实施意见》的要求，坚持“总体规划、择优扶持、奖惩结合”三维合一的框架，根据“学生需求—专业要求—教师能力”的对应关系，在更高起点对师资队伍建设进行重点研究、规划和实施，全面启动实施师资队伍建设新内涵的八大工程，创造条件争取项目加以支持，以工程推动促进教师专业化发展。

（二）确定目标推进师资队伍建设

2014—2016 年，适应学校提升层次的要求，以强化内涵建设为指

引，落实“千万培养”，推进新一轮师资队伍建设。遵循高职教育规律和教师发展规律，把促进学生成长成才作为教师工作的出发点和落脚点，突出重点，拓展渠道，创新方法，完善机制，提高教师师德教风和业务能力。培养5位浙江省“151”第二层次及以上人才，10位“金晖学者”高水平、高素养、高能力教师，20位理论实践紧密结合的专业带头人，30位博士学位高水平科研带头型教师，40位较高水平有影响的教授，50位分布学校各学科、各岗位、担重任的正高级专业技术职称的教师；发挥高层次人才的引领作用，提升其在专业领域、行业领域内的影响力。

（三）工作机制保障师资队伍建设可持续发展

学院按照“培养提高、充实引进、规范分流”三结合的思路，以提高素质、优化结构为重点，从规划、投入、管理、考核、激励等各个环节建立师资队伍建设组织领导、日常运行、考核评价的工作机制，通过政策支持、项目带动、经费投入等手段加以推进。职能部门形成政策合力和协调机制，配合做好服务工作。

（四）实施新一轮师资队伍建设的“十大计划”

2014年是全面深化教育改革的开局之年，学院以出台《教师职业发展指引（试行）》为契机，实施新一轮师资培养计划，推进师资培养工作进入新阶段。

（五）落实五阶次培养，构建师资队伍建设长效机制

师资队伍建设是一项系统工程，通过强化组织领导、完善管理制度、实施项目载体、构建长效机制等进一步强化服务管理，使学院人才队伍的职称结构、学术层次、年龄结构、梯队培养保持总体均衡，提升全院教师的素质和能力。学院利用3年左右时间，在全体教师中

实施"国培""省培""校培""系培"和"自培"五阶次培养，探索"国培"和"省培"引领、学院统筹、系部管理、自我提升的分级培养、递进培训体系，充分调动教师参与培训的积极性，有计划、有针对性地提高教师培养层次，形成个人与组织的协同，实现人才资源的最佳配置与效能发挥。

(六)深化教师专业技术职务评聘制度改革

结合《教师职业发展指引》(即职业意识、职业态度、职业修养、教学规律理解与把握能力、通识教育能力、专业教学能力、课堂教学能力、教育教学研究能力、实践育人能力、技术服务与实践能力、科学研究能力、可持续发展能力)，根据学校三年评聘规划、专业技术岗位聘用情况、岗位总量、岗位结构比例及岗位余量，以保证重点、预留发展空间为前提，深化我校教师专业技术职务评聘制度改革工作。

三、"教师千万培养工程"的显著成效

经过五个阶段15年的建设，学院的师资队伍取得了显著的成绩，主要表现在：(1)正高专业技术职务教师47名，其中教授40名，副教授112名，博士19名；(2)浙江省"151"人才第二层次3人，第三层次19人；(3)国家级优秀教学团队1个，浙江省优秀教学团队2个；(4)浙江省高职高专专业带头人18名，教育部"全国高校优秀中青年思想政治理论课教师择优资助计划"1名，浙江省教学名师2名，浙江省教坛新秀4名；(5)专任教师中双师占比65.6%，专业教师中双师占比86.4%，专业教师中"双证"拥有率达91.8%，2013年度在浙江省教育厅"双师"建设检查中获得优秀等级；(6)建立国培基地8个、省培基地8个、校级双师培养培训基地41个；(7)近5年我院教师共获得纵向科研课题574项，其中国家社科基金1项、国家社科基金后期资助1项、

部级课题 17 项、省级课题 47 项、厅局市课题 323 项，教师的科研能力、社会服务能力总体提高；(8)近 5 年我院教师共公开发表各类学术论文 1529 篇，其中核心期刊 710 篇，国家一级刊物 35 篇，CSSCI 来源期刊发表 46 篇，高等教育类 14 种核心论文 65 篇。

第二节 积极推进“以生为本”办学理念的实践

“以生为本”就是学校在办学过程中，以学生的培养和教育，以学生的成才、全面发展为根本。这就是学校办学的根本指导方针，其直接指向“为什么办学，如何办学和为谁办学”的根本问题。学院以“一切为了学生，为了学生一切，为了一切学生”的爱生理念，构建“关爱学生进步，关注学生困难，关心学生就业”工作体系，建立并完善发展服务型学生工作体系，以“品德优化、专业深化、技能强化、形象美化”为工作目标，以学生“千日成长工程”为主要载体，确立“一年熟悉岗位、三年成为骨干、五年成为主管、七年实现发展、九年初成事业、一生平安幸福”(“135791”)职业发展目标。“千日成长工程”实施几年来，成效明显，效果突出。

一、学生“千日成长工程”的基本内涵

身为一所高等职业院校，学院坚持树立人人成才观念和多样化人才观念，深化“以生为本”办学理念，不断健全“三全育人”工作机制，大力实施学生“千日成长”工程。遵循学生成长规律、教育规律、社会需求、职业教育特点和金院特色，学院以提高人才培养质量为目的，统筹规划学生成长成才途径，切实提高学生的身心素质和人文素质，不断提升学生的职业素养，塑造学生健全的职业人格，使学生成为“行业操

守好、岗位适应快、动手能力强”的金院品质学子。

学生“千日成长工程”，是一项贯彻“三全育人”理念、体现“三全育人”机制的系统工程。全员育人，该工程既注重校内师资队伍建设和管理队伍建设，又注重校外兼职教师建设；全过程育人，该工程科学设计学生在校1000天时间，贯穿学生入学至毕业的全过程；全方位育人，该工程既有机协调一、二、三课堂，创新载体，做好明理学院、银领学院、淑女学院各具特色的育人工作，又注重诚信文化、金融文化、校友文化育人，形成了多维度、立体化、融会贯通的素质教育体系。

二、学生“千日成长工程”的主要举措

(一)科学谋划，做好顶层设计

随着改革发展的不断深入，学院更加注重改革的总体规划、统筹协调、系统推进，更加注重改革的顶层设计。学生“千日成长工程”就是学院党委提出的一项统筹各方力量，系统规划学生成长路径，科学开展学生职业教育和素质教育的顶层设计方案。这一方案设计了两个模型：一是以学生(教育客体)为主体，将“千日成长工程”构建成知识、能力、素质螺旋式递进的学习模型；二是以教育者(教育主体)为主导，将“千日成长工程”构建成以思想引领为先导，以能力培育为核心，以基础素质养成为基础的橄榄形育人模型。

(二)以生为本，营造爱生文化

学生的健康成长、成功就业、优质成才，是学院工作的出发点和落脚点。2000年，学院提出并构建了以“关爱学生进步、关注学生困难、关心学生就业”为主要内容的“三关”服务体系。2010年，学院提出并将“有利于学生健康成长，有利于学生素质提升，有利于学生就业创业，有利于学生可持续发展”作为检验育人工作得失成败的衡量标准，促

进了人才培养质量的提高。2008 年，学院将 5 月 23 日确定为“爱生节”，谐音为“吾爱生”；2011 年，将 11 月 23 日确定为深化“爱生节”活动日，寓意为爱生为本。每年“爱生节”，学院均举办订单班招聘会；每年深化“爱生节”活动日，学院均举办毕业生供需见面洽谈会，并且在 5 月 23 日、11 月 23 日开展由校领导、教师和行政后勤部门参加的与学生“零距离交流”活动等。诸多活动的开展，进一步确立了以生为本的育人理念，突出了学生的主体地位，积极营造了爱生文化。

(三)完善制度建设，确保工作落实

学院先后出台《关于全面实施“千日成长”工程，切实提升人才培养质量的若干意见》《学生“千日成长”工程实施方案(试行)》《学生“千日成长”工程课外教育实施方案(试行)》等文件，明确育人目标、工作职责、实施路径等。各系(专业)制定《千日成长指南》，明确考核办法和细则，确保了育人工作的顺利开展。

(四)强化部门协同，各方合力推进

学院成立以党委书记、院长为组长，教务处、学生处、招生就业处、科研师资处等部门负责人和各系党总支书记为成员的领导小组，强化对“千日成长工程”的有力领导和多方支持。教务部门主要从人才培养模式改革、专业建设、课程建设等课堂内建设着手，通过教育教学改革和师资队伍建设加强学生职业道德、职业精神、职业知识和职业素质培养；各系部(专业)编写了《千日成长指南》《千日成长记录》《千日成长评估》，根据专业人才培养的目标，从知识、技能和职业素养等方面对学生进行全方位指导，全面指点学生千日成长，引领万名学生成长成才。学生工作部门则从课堂外建设着手，积极设计载体，通过第二课堂引导学生主动锻炼、第三课堂引导学生主动实践，进一步加强了学生职业精神、职业能力和职业素质培养。同时建立健全引导、激励、评估、评

价等制度，齐抓共管，确保了育人的效果。我院的做法契合“健全‘文化素质＋职业技能’，完善职业教育人才多样化成长渠道”“全面实施素质教育，科学合理设置课程，将职业道德、人文素养教育贯穿人才培养全过程”的理念。

三、学生“千日成长工程”的实施成效

（一）面向全体学生，促进学生成长成才

“千日成长工程”实施几年来，我院学生的成才效果明显，初步形成了“千日成长，千花盛开，百花绽放，人人成才”的育人局面。直接受益学生逾2万人。据统计，2010—2015年间，我院学生共有2000余人次在国家、省、市级学科、文体、社会实践及素质拓展类900多个项目中获奖，有1200多个集体获得省、市级荣誉称号，有48人次获得国家奖学金，1200余人次获得各类校外奖学金，近10000人次获得素质拓展奖学金，2名学生入选浙江省第二届“十佳大学生”，1名学生成为浙江省第十三次党代会代表。

通过实施学生“千日成长工程”，进一步提升了学生的综合素质和可持续发展力。我院学生就业率连续多年保持在96%以上，其中，金融系统订单培养数量占毕业生人数的50%以上。据麦可思公司对学院毕业生的调查报告显示，2013年毕业生对母校的满意度为97%，对母校的推荐率为84%，大大高于同类学校。

（二）拓展社会影响，彰显示范引领作用

2013年，作为唯一一所高职院校代表，我院在第22次全国高校党的建设工作会议上就“千日成长工程”做了专题交流。2012年，我院申报的《“千日成长”与“素质教育”——浙江金融职业学院学生“千日成长”工程纪实》《高雅睿智唯美塑造现代职业淑女——浙江金融职业学

院淑女学院创设》均被浙江省委教育工委、浙江省教育厅选为2012年全省高校教书育人典型案例。有3个案例入选《全国分类引导青年案例汇编》,2个案例入选《全国分类引导青年电教片》。2012年,该工程获得学院第五届教学成果特别荣誉奖。2014年9月,获得全国金融职业教育教学指导委员会教学成果评选一等奖。2015年5月,省教育厅领导特别将本成果向省委书记夏宝龙同志做了专项汇报。中国青年报、青年时报、钱江晚报、都市快报、浙江在线等媒体也先后相继报道了我院学生"千日成长工程"所开展的系列活动及所取得的成效,得到了广泛的好评。

第三节 坚持就业为导向,不断推进教育教学改革创新

近些年来,随着世界科学技术的迅猛发展,特别是云计算、大数据、"互联网+"等新一代信息技术的出现,同时,随着新型工业化、信息化、城镇化、农业现代化同步推进,为我国各行各业的发展提供了广阔空间。当前,我国经济发展进入新常态,高等教育的社会需求也发生了重大变化,加上知识更新的加快,社会竞争的日趋激烈,对人才的要求也变得更加多元化和多层次化。我们认为,只有知识面多元、知识层次多样的人才才能够满足我们社会发展的需要,才能够推动企业在激烈的社会竞争中不断取得胜利。这对我们的高职教育提出了更高的要求,要求我们在教学过程中以就业为导向开展教学,高职毕业生能否体现其职业性、技能性、应用性的特色,在严峻的就业形势中提高他们的求职能力和学习适应能力,使其在求职择业中保持主动,实现顺利就业、对口就业、优质就业、批量就业、订单就业,这对促进高职教育的健康、持续发展至关重要。只有不断推进教

学改革创新，才能提高我们的人才培养质量，使终身教育和终身学习成为必须，高职教育必须进行改革来适应这种变化，促进学院可持续发展。

一、“以就业为导向”的科学内涵

高职院校肩负着培养生产管理服务一线高素质、高技能应用型人才的使命，“以就业为导向”是高职教育科学定位的基本原则，也是高职教育赢得社会认可的必要策略。从宏观层面上看，“以就业为导向”体现的是一种高职教育面向社会办学的思想理念，必须兼顾“职业”与“教育”这两大要素；从中观层面上看，“以就业为导向”体现着高职教育面向市场的办学方向，是与经济联系最为紧密的教育类型；从微观的操作层面上看，“以就业为导向”展示了高职教育的具体途径与方法，在学历教育的前提下，创造性地采用认证教育和认岗培训完美结合的教育教学模式。正确把握“以就业为导向”的基本内涵，有助于在高职教育实践中正确处理不同教育类型的关系，促进高职教学的改革。就是以职业、岗位、工作为基本依据所设计的职业教育教学模式，推动专业设置与产业需求对接，课程内容与职业标准对接，教学过程与生产过程对接，毕业证书与职业资格证书对接，职业教育与终身学习对接，从而达到最大限度地促进学生就业的目的。

当然，就业导向职业教育教学模式并不是一种具体的教学模式，而是多种教学模式的集合体，在最为广泛的意义上，只要有利于学生就业的教学模式均可以纳入其中。工作岗位上的知识和技能的应用是一个综合过程，其所需要的知识和技能是有多种类型的，不同类型的知识和技能需要不同的课程做支持，因而就业导向高等职业教育教学模式是一个多元化的教学模式体系。

二、推进教学改革创新的主要举措

(一)树立“以就业为导向,以学生为中心”的教学理念

教学内容应及时反映社会职业岗位的动态发展和产业结构的改变,打破以学科为中心的课程体系,坚持以就业为导向、以技术应用为主、以学生为中心、以能力教学为核心、以实践教学和职业岗位技能训练为主线,重组教学内容与课程体系,制定新的人才培养方案,提高学生的综合素质和岗位竞争能力,使课程设置及教学内容贴近就业,服务于市场经济对人才的需求、服务于学生个性可持续发展的需求。要贯彻教会学生“如何学习”的理念,遵循职业教育培养人才的一般规律,坚持工学结合、校企合作,突出高职教育的“实用”“实训”“应用”等特点,把传统的以传授理论知识为主的学校教育环境进行改革创新,教学活动应围绕学生展开,强调学生是主体、教师是主导、管理是主线的管理模式。

(二)推进教学改革创新的主要措施

1. 扩大学习选择权,推进课堂教学创新

教学组织形式上推进大班授课与小班研讨、小班实际操作教学相结合的方式开展课堂教学。选择国际商务专业作为小班化教学试点专业,其他每个系部选择一门课程开展小班化教学。2015 年每个专业选择一门课程开展小班化教学。2014 年,按照职业资格证书的级别和难易程度设立相应学分,选修课以公选课和专业拓展课为主。2015 年进一步把学生第二课堂获奖证书、学科竞赛证书学分化,选修课逐步扩展到校本课程和专业深化课程。

2. 聚焦课堂教学,开展“金院好课堂”活动

以创建“课堂创新示范校”为目标,以创设“金院好课堂”为抓手,以

评选“金讲台名师”为动力，开展以课堂授课竞赛为载体推动课堂教学创新的新举措，广泛开展“金院好课堂”竞赛活动。从系部的海选和初赛，到全校的复赛，再到最终决赛，全面提升了课堂的关注度，拓宽了课堂评价路径。实现学生做中学，充分调动教师教学热情的同时，点燃了学生学习激情。竞赛活动与微课建设、课堂教学模式创新融合并进，形成了师生共同创新的良好氛围，有效推进了微课资源的建设，在国家级、省级赛事中获奖达到28项。

3. 以中高职衔接、四年制人才培养为突破口，探索现代职教体系

学校与省内杭州江滨职业技术学校、德清县职业中等专科学校、浙江信息工程学校等中职学校合作，积极探索“3＋2”职业教育人才培养模式，双方共同制定专业人才培养方案，注重中高职课程体系的有效衔接，打造五年学制的一体化人才培养方案。经省教育厅审核批准，学院与中国计量学院联办金融工程（互联网金融）专业四年制人才培养。学院是浙江省教育厅在探索发展本科层次的职业教育中，首批遴选5所高职院校之一。2015年学院与中国计量学院联合招生计划为50名，招生面向职业高中（中专、技校）学生，纳入单考单招范围，积极进行现代职业教育体系有益探索。

4. 创新校企合作新机制，探索产教融合新模式

为更好地服务全省金融产业发展，进一步探索产教融合新模式，2012年，浙江省人民政府决定在浙江德清县设立金融外包基地，随即，浙江金融职业学院与德清县人民政府建立服务外包学院。2014年，全国职业教育会议提出用混合所有制等办法把职业教育做强做大，随即，浙江金融职业学院与德清县人民政府和园区合作企业共建德清学院。2015年7月15日，浙江金融职业学院、德清县人民政府、浙江省农村信用联合社在德清联合签订合作协议，决定在2013年签订战略合作协议并设立金融服务外包学院的基础上，合作创办混合所有制的德清学院，制定并实施《浙江金融职业学院德清学院办学实施方案》，探索以混合所有制理念和面向行业实际需求创新办职业教育。

2015年学院与浙商银行签订战略合作协议，引企入校，建设生产性实训基地，在校内建立浙商银行客户服务中心。该项目是我院培养学生实践动手能力和职业能力的重要举措，也是学院面向金融行业，探索产教融合新形式，开展工学交替人才培养的新尝试。探索"招生即招工、入校即入厂、校企联合培养"的一次积极尝试。此举，对我院适应行业需求，深化开放办学，加强校企合作，探索多路径培养技术技能型人才具有深远意义。

5. 以校园自主学习平台建设为载体，推进教学管理信息化建设

在校园信息化建设进程中，学院大力推进基于云计算的自主学习平台建设，该平台具备能够实现资源集聚、教学管理、自主学习、翻转课堂等功能。目前，平台内建设平台公选课程48门，初步形成网络选修课程库，扩大了学生学习选择权。教师自主开发300余门课程，结合金融专业、国际贸易专业等国家教学资源库建设，以及国家、省级和校级精品资源共享课、微课建设大量上传资源并共享。通过自主学习平台建设，实现了"教师主导，学生主体"的在线混合教学模式与学生多终端在线自主学习。

三、推进教学改革创新的主要成效

（一）全面构建就业服务新模式，荣获就业50强

学院正确把握"传承行业优势、服务地方经济、培育实用人才"的办学定位，始终坚持"就业立校、服务强校、合作兴校"的办学方针，走以质量提升为核心的内涵式发展道路，把就业工作摆在学院工作的突出位置。学院领导班子高度重视毕业生就业工作，多次赴省内外各大金融

机构及企事业单位考察调研，主办召开人才培养恳谈会，深入了解听取用人单位对我院人才培养工作的意见与建议，研究制定符合校企双方需求的人才培养方案，为金融机构及企事业单位培养高素质应用型复合人才。

设立人才订单培养，深化校企合作办学，促进毕业生优质就业，自2008年3月成立独立设置的二级学院“银领学院”至今，先后与60多家银行、证券期货公司等金融机构开展订单式人才培养，每年保持1000人左右学生规模，7年来已累计培养6000多名学生，实现“校、企、生”三赢，成就了学生提前就业、顺利就业和优质就业。2014年，荣获“2014年度全国毕业生就业典型经验高校”称号，成为全国50所获此殊荣的高校之一，跻身全国高校就业50强。

创新思路精心指导，全程开展就业教育，提高就业服务质量，成立学生创业工作领导小组，对全院学生创业工作进行领导和决策，定期研究布置大学生创新创业能力培养工作。自建和共建成供学生开展自主创业实践基地、孵化基地面积达2240平方米，成立笃行创业学院，落实学生“创业导师”制。2014年度，共有18名教师担任创业课程教学工作，全校3000余名学生接受创业教育与培训。

（二）不断推进教学改革创新，荣获多项教学成果奖

在课堂教学创新中，充分发挥教师主动性，拓展课堂教学改革深度。深化内涵建设，落实课堂教学创新工作，围绕建立“以学习者为中心的教学”目标，进一步深化研究“金院好课堂”的内涵，提高学生学习积极性，着力培养学生的创新精神和创新能力。

学院不断推进教学改革创新，荣获多项教学成果奖，《基于“三双”理念的高职会计专业人才培养创新的实践》则是关于普适性专业特色化办学的探与索，具有很大的创新意义和较好的实践效果，被评为浙江省教学成果一等奖，并获职业教育国家级教学成果二等奖。《全国高

职财经类专业教学标准开发和应用》是第一份面向全国高职财经类专业开发的教学标准，被评为浙江省教学成果一等奖，并获职业教育国家级教学成果二等奖。《外贸岗位标准开发与高技能外贸人才培养的创新与实践》从高职特点出发，探索课证融合，重视开发建设，成效显著，在行业内具有广泛影响，被评为职业教育国家级教学成果二等奖。

（三）以资源建设为引领，发挥示范带动作用

通过多年建设，高等职业教育金融专业教学资源库项目于2014年6月通过教育部验收，完成10门结构化课程和14个资源中心。项目辐射全国高职教师，涉及院校200余所，教师800余人次。由我院主持的国际贸易专业国家教学资源库建设项目于2014年7月成功获教育部、财政部立项，这是我院主持的第二个国家教学资源库项目，现已联合21所高职院校和18家龙头外贸企业、协会共同进行建设。项目建设扩展了学习手段与范围，提高了人才培养质量，促进了学习方式的变革，为终身学习提供了有效途径。

（四）以教学研究为先导，加快教学研究成果的转化和应用

学院高职教育理论研究成果显著，连续8年在14类高教核心期刊发表的论文数量位居全国高职院校第一，对高职教育的理论探讨和具体应用研究居于全国领先地位。下一步将提炼研究成果，推进研究成果在学校教学中的应用力度，把理论研究成果应用于日常教学工作，指导教学工作的创新和发展。

（五）重视创业创新教育，探索创业创新指导和实践的新途径

国务院办公厅《关于发展众创空间推进大众创新创业的指导意见》明确将创业创新定为国家层面战略，学院已在2015级人才培养方案中增加创业创新模块，下一步建立分类分层的创业教育课程体系，

积极推进创业通识教育，依托自主学习平台建立了相应的课程群。在强化创业教育的同时，进一步探索创业实践，加强校内创业教育基地和创业实践指导师资队伍建设。

（六）把握高职教育发展趋势，研究职业教育新方向

职业教育作为一种类型教育不是孤立存在的，按照终身教育理念，其必然会与各种教育类型有所联系。省职教会议精神明确提出要全面建立普通教育学校与职业教育学校间学生互转、课程互通、学分互认等制度。所以，作为实践的先导，应加强职业教育与普通教育、成人教育贯通的研究，为具体实施寻找新路径。

第四节 凝聚全中国校友力量，建设高品质幸福金院

办学 40 年来，浙江金融职业学院（前身浙江银行学校）已经为遍布全省乃至全国的各金融机构、地方经济部门输送了 5 万余名优秀应用型金融人才，从业人数约占浙江省金融从业人数的 1/4，其中大部分校友已成为行业骨干，易会满校友成为全球最大银行——中国工商银行行长，10 余名校友成为总行级金融机构高管，百余名校友成为一级分行及以上金融机构经营高管，约 5000 名校友已成为支行长及以上各级经营管理者，校友群体已成为学校凝聚资源、传承文脉、扩大交流、促进发展、品牌引领的重要力量。

一、构建校友学习交流网，助推群体崛起

经过多年实践，学院校友事业形成了一套成熟的文化理念，如“关爱每一位校友”的工作宗旨，“推进校友事业和学院事业双方共同发展”

的工作愿景,“助推校友成长、成就母校发展、促进经济繁荣”的工作方针,“巩固老校友、拓展新校友、重视成就校友、关注弱势校友”的工作理念,“激扬高层、激发中层、激活中层;强化总会、优化市地、深化县域”的工作路径,等等,并致力于将校友总会建设成为“成就校友的名园、成长校友的乐园、全体校友的家园”。

丰富的校友资源,形成了良好的职业教育品牌。在办学发展过程中,学校非常注重打造优秀品牌,也非常重视校友事业发展和校友资源的开发、整合和利用。学校成立了具有法人资格的校友总会(“4A”级社团组织),同时成立各地校友联谊会,按照汇聚力量、积聚资源、凝聚人心、发挥功效的目标,把校友事业作为学校事业发展的组成部分,并经常组织开展各种形式促进母校繁荣发展的活动,让各地各届的校友回校交流,使校友会成为学院深化校企合作、共育金融人才的重要纽带,使之成为支持学校建设、发展的重要渠道,同时也成为学院助推校友成长、服务校友发展的学习交流网络平台,努力实现校友和学校同携手、共发展的目标。

二、凝聚全中国校友力量,支持金融教育事业

捐资兴教支持母校办学。校友会以资助母校发展为己任,发动行业企业、动员校友为金融教育事业、为学院的建设发展捐资出力。分别在母校 20 周年、30 周年校庆之际,组织了两次规模较大的捐资兴教活动,通过校友个人和所在单位的努力,分别募集资金 360 多万元和 470 多万元,到 2015 年 5 月底,各级金融机构和校友累计为教育基金会捐资 3000 余万元,支持了母校的建设和发展。

支持母校校园环境文化建设。通过校友的积极沟通,许多金融机构出资冠名母校建筑楼群(广场),捐资建设了以亭、廊、林、坊、港、园为主题的 15 处校园文化景观,浓厚了校园金融、励志、劝学等文化氛围,

极大地丰富了校园景观和文化内涵。

会同浙江省金融教育基金会，积极开展奖教、奖学和帮困助学工作，为母校设立的专项基金有教师奖励和培训基金，优秀校友“金星奖”、优秀学生“银星奖”奖励基金，特困学生资助基金和优秀科研项目资助基金等，鼓励更多的在校学生早日成才，鼓励更多的教师和已走上工作岗位的校友在各自的岗位上脱颖而出。至 2015 年 5 月底，有近 30 家单位和校友个人出资在母校设立各类专项奖学金、奖教金，鼓励学生成才成长，奖励教师教书育人，年奖金总额达 60 多万元，体现了老校友对新学子的关爱。

三、培育校友文化，构建三维育人文化体系

为树立育人为本观念，营造校友文化育人氛围，学院积极构建“诚信文化、金融文化、校友文化”等三维文化育人体系。其中校友文化育人是学院校园文化建设的重要内涵。校友会和学院共同发起了以“千名学生访校友，千名校友回课堂，百名校友上讲坛，百名校友话人生，百名教师进企业”为主题的“2300”系列校友文化活动，进一步密切与校友的联系，推动学院与校友良性互动发展，形成全方位校友文化育人氛围和长效机制，凝练“动手能力强，上岗适应快，实践水平高，创新创业成绩显著，廉洁自律操守规范，报恩母校情深义重”的文化育人目标和育人文化精神实质，使校友文化育人的内容更充实、效果更突出。

“2300”系列校友文化育人活动丰富了校友工作的内涵。2007 年以来，有 5000 余名在校学生以多种方式走访、采访了 3500 余人次校友，撰写访问心得、采访报道 2000 余篇，有 3000 人次校友参加在职干部员工培训教育和各级各类考证考级；通过校友的积极工作，安排、接纳母校 100 多名教师以各种形式到行业、企业进行实践、调研、锻炼；100 多位既掌握经济、金融前沿理论知识又具备金融实践创新

能力的校友积极承担1/4专业课程的教学任务；邀请了100多名在工作岗位颇有建树的金融机构领导、专家、优秀校友与在校生共话人生，以自己成才成长的经历对在校生进行职业道德教育，不仅提高了学生的综合素质，而且指导学生进行了良好的职业生涯规划。“2300”校友文化育人活动的开展大大彰显了校友会工作特色，展现了校友工作新水平，不断深化了学院与行业、企业的合作，推动了校友工作再上新台阶。

校友回访日和校友回校活动日是校友文化的新特色，也是加强校友与母校、校友与校友之间联系的主渠道。学院于2006年确定每年5月最后一个星期六为校友回访日，11月第一个星期六为校友回校活动日以后，连续8年举办了“行业、校友、集团共生态”办学推进暨年度校友大会，圆满组织了21个届别约20个专业5000多名校友回校参加活动，参与由学院牵头举行的校友创业论坛、校友明理讲堂、基层行长论坛、校友会长话就业、捐赠设奖共育人才、友缘描绘寄深情、我与母校共发展恳谈会等交流活动，让校友们在提炼业务理论知识、升华个人素养、累积丰富经验之时，再次回到母校，上台讲课，用富有理论知识和实践经验的珍贵所得助推新一代金院人更快成长，密切了学校、教师、学生与校友之间的关系。

四、发挥校友作用，构建和谐办学生态

学院结合办学实践，从教育生态学视角出发，培育形成一个“以行业为依托，以校友为纽带，以职教集团为载体”的“行业、校友、集团共生态”的高职院校办学模式。

拉动行业支持，凝聚各界力量。通过行业中的优秀校友带动行业支持母校发展，推动了全省各金融机构及有关方面共同办好学院发展咨询委员会；会同有关金融机构为学院组建专业指导委员会，参与学

院的专业调整、课程构架，提供教学一线信息；为师生金融科研、实习调研创造便利条件等。优秀校友充分发挥自己在行业里的影响，为学校发展出谋划策，起到良好的指导和咨询作用，为母校提供智力、技术支持，为学院师生实习、实训及学生就业提供帮助，为我省金融教育事业的发展开拓了更广阔的空间，也为浙江金融、经济建设培养了更多学以致用的人才。

借助校友力量，征询人才培养。每年分别与各地校友会共同组织如金融业发展、金融创新、金融业转型、县域经济、城乡经济一体化、示范校建设等不同主题的应用型金融人才培养恳谈会、毕业生质量跟踪调查咨询恳谈会、“同携手、共发展，母校与您心连心”校友恳谈活动，广泛征求各金融行业、广大校友对学校建设发展、人才培养的建议和意见，得到了各地校友会、广大校友的积极响应和支持，并共同分析新时期金融人才的培养策略，使金院人才培养更有针对性，提高学生专业对口的就业率。

做好共同育人，促进校企合作。校友总会积极调动校友力量来帮助母校的教学和实践零距离的探索，在学生的实习和就业上发挥了十分重要的作用。母校利用校友资源组建了 11 个产学合作二级学院，建设了 50 余个校内仿真实训基地、200 多个校外实习基地，并与 120 余家企业签订了办学合作协议，大大推进了产学合作的深度和广度，使现有学生的毕业实习都能在对口单位进行。

构建起以校友为主体的兼职教师队伍，完善了师资的双师结构，带动了学院师资水平的提升。百余位既掌握经济、金融前沿理论知识又具备金融实践一线创新能力的校友积极承担专业课程的教学任务，成为学院稳定、高质的兼职教师队伍的重要来源，兼职教师每学期授课课时达 4000 节以上，为学生带来了一线的行业信息。

通过校友积极推荐促进学生优质就业。近几年，各类各级金融机构纷纷在母校开展订单培养，订单人数达到毕业生总数的 50％左右，毕业生初次就业率连续几年达到97%以上。这些成果,得益于校友总会、各地分会,以及广大校友的支持与帮助,每当有在校生需要顶岗实习或毕业实习,总是有校友的帮助和接纳,每当有毕业生需要落实就业岗位,总是有校友的就业指导和热情推荐。

学院认为服务校友成长,助推校友事业发展,不仅是一种人文关怀的体现,还是学校优秀文化的传承,更是一所学校办学品质的象征。以校友为纽带的共生态办学模式改革为高职院校如何营造和谐的办学环境提供了新的思路、途径。校友育人生态文化的构建,使学生的人格走向、从业素养和求学环境在一个切实的育人目标下达到了和谐统一。重视校友事业与学院事业的同步协调发展,有效地推动了校友工作和育人内涵的不断深入,极大地提升了办学水平和质量,也铸就了良好的学院品牌,从而推动了更高品质幸福金院建设。

第五节 推进教授治学,加强民主管理

《中华人民共和国高等教育法》第四十三条明确规定:“高等学校通过以教师为主体的教职工代表大会等组织形式，依法保障教职工参与民主管理和监督，维护教职工合法权益。”这就为高校实行民主管理指明了方向，提供了保障。这既是高校实行民主管理的重要法律基础和政策依据，也是依法治校的重要内容，它关系到教职工利益的实现、学校改革的深化与校园秩序的稳定。1999年实施的《中华人民共和国高等教育法》已明确了我国现代大学制度建设的核心是“党委领导、校长负责、教授治学、民主管理”。坚持和完善高校现行领导体制,全面正确理解和执行党委领导下的校长负责制,是建立现代大学制度,推进高校民主管理进程的重要保证。

一、高校民主管理的基本内涵

高校民主管理指大学师生员工、各群体成员和民主管理机构对大学公共事务行使民主权利的制度和实践活动的总称。民主管理的主体是全体师生员工、各群体成员；民主管理机构包括教职工代表大会、工会、团委、学生会等；民主管理的内容包括政治事务、经济事务、行政事务、学术事务等。通过民主管理，广大师生员工拥有知情权、建议权、决策权、监督权，把他们的智慧和才能充分发挥出来，这是办好一所学校的关键所在。它具有传统继承性、法律规定性、社会影响性、主体特殊性等四个特点。高校民主管理的本质与精髓是“平等参与”“共同决策”“有效监督”。

二、高校民主管理的实现途径

高校民主管理是一个具体的过程，需要通过教代会制度、教授治学，以及发挥工会、共青团、学生会等群众组织的作用等途径，依法保障高校师生员工参与民主管理和对校务的监督，只有这样，高校的民主管理才能真正落到实处。

（一）坚持和完善教代会制度

高校教代会制度是党组织领导下的以教师为主体的、代表学校教职工利益的民主管理学校事务的一项基本制度。教代会是教职工行使民主管理权利的机构，是学校管理体制的重要组成部分，也是学校领导与教职工进行民主协商、信息沟通的重要渠道。可见，教代会的民主监督与高校权力运行中的决策机制和执行机制是密切联系的。

学院从1991年建立教代会制度以来，广大教职员工认真行使民主权利，积极参与学校民主管理和监督，成为学校管理体制的重要组成部分。教代会历次会议除了按常规听取和审议校长工作报告、财务预算决算报告外，还审议一些事关学校发展大局的重要文件和若干意见，这对进一步落实教代会的各项职权，充分发挥教代会在学校民主管理和监督中的作用，对切实保障教职工参与学校民主管理和监督的权利，有效推进高校民主政治建设具有重要的作用。

（二）重视教授治学

教授是高校存在的价值体现，是高校民主管理的主要力量。教授治学主要体现在教授群体在高校的学术管理上，教授治学是平衡学术权力、行政权力和去行政化的有效途径；教授治学是完善内部治理结构，构建现代大学制度的根本要求；教授治学是提升大学教育质量的途径。因此，学校努力探索基于学术权力的教授治学模式，具体来说，教授治学就是要“治学科”“治学术”“治学风”“治教学”。“治学科”就是要善于凝练学科方向，培育学科特色，汇聚学科队伍，构筑学科平台，产生学科成果；“治学术”就是要增强学术实力，遵守学术规范，坚持学术标准；“治学风”就是要倡导学术争鸣，促进学术繁荣；“治教学”就是要让教授广泛参与到教学管理中来，制定学生培养方案、课程设置，以及教学组织形式。由此可见，教授治学实质上是依法治校、学者治校的一种学术内行对大学实行民主管理的制度。

学院于2009年9月成立教授委员会，随后于2010年4月成立了女教授委员会。这既符合科学发展观的要求，又体现了对学术的尊重，也是学术人员自我价值实现的一种有效方式。教授治学通过教授委员会这个机构来实施，那么其本身就是一种民主管理。同时，也充分发挥了教授参与学术事务决策和管理的积极性，并利用他们的专业影响和专业智慧治理学校。

（三）发挥工会、共青团、学生会等群众组织在民主管理中的作用

学院中的工会、共青团、学生会等群众组织是党联系教职工和青年学生的桥梁和纽带，是动员和组织教职工与青年学生参与学校管理、推进学校事业发展的重要力量，在组织教职工和青年学生参与学校民主管理中具有特殊的地位和作用。学生参与高校民主管理已成为一大趋势。中共中央办公厅印发的《关于坚持和完善普通高等学校党委领导下的校长负责制的实施意见》中也明确提出，充分发挥教职工代表大会及群众组织作用，健全师生员工参与民主管理和监督的工作机制。实行信息公开，及时向师生员工、群众团体、民主党派、离退休老同志等通报学校重大决策及实施情况。具体来说，第一，学生参与学校民主管理通过学生会来进行。第二，学生会负责学生的信息收集和信息反馈，接受学生投诉，将学生提出的意见和建议归纳整理并向学校有关职能部门报告，对学校各职能部门的工作进行监督，参与学校各部门的评价工作等。第三，学校通过院领导接待日、学生会干部列席党委会、召开座谈会等方式与学生面对面交流，了解情况，解决问题。解决的情况及时向全校学生公示，接受学生监督。

除上述途径外，学校还通过调动民主党派参与学校民主管理的积极性，发挥高校人力资源的优势，建立重大问题听取校务委员会、民主党派、无党派人士意见的制度和座谈会制度等途径，以促进学校又好又快地发展。同时，全面推进信息公开，在高校管理工作中依靠教职工办好学校，实现决策民主化、科学化，调动教职工积极性，维护教职工合法权益。

第六节 坚决守住学校安全稳定底线

安全稳定是一个国家、一个民族快速发展的基本保障。高校稳定既是高校自身改革和发展的前提,也是保障社会稳定的重要组成部分。近年来,由于全球化浪潮的迅猛发展,各种思潮对青年大学生思想和观念带来前所未有的冲击,并使高校的安全稳定工作面临前所未有的挑战和考验。

一、高校稳定的基本内涵

高校稳定就是以高校为主要思考对象,是建立在高校教育、管理和运行规律被广泛认同基础上的教学、科研、学习和生活秩序化,使高校外部各种压力能够得到缓和,高校内部各种矛盾能够得到解决而形成的良性运行状态。其内涵十分丰富,主要包括以下三个方面。

(一)政治稳定

政治上的稳定是一切稳定工作的前提,是高校保持健康发展的思想保障,也是高校坚持社会主义办学方向及完成其教育任务的本质要求。

(二)秩序稳定

师生正常的工作和生活秩序既是高校稳定的具体表现形式,也是高校稳定的基本保证、核心所在。教学和科研工作是实现高校办学首要任务,是保证师生安心本职工作,潜心研究,创造良好和谐的校园环境的重要手段。

(三)环境安全稳定

校园环境的安全稳定既包括校园本身环境的安全稳定,也包括校园周边环境的安全稳定。校园是人口高度密集区域,校园环境的安全是高校稳定的硬件保障和关键所在。越来越多的事件表明,高校内部矛盾呈现多元化、多层次性的特点,校园安全已经成为高校安全稳定工作的重中之重。

二、学校安全发展的实现机制

根据“发展高于一切,稳定压倒一切”的思路,建设一个更安全、更稳定、更文明、更健康的校园,形成从学校领导到每一位教职工层层落实,全校师生人人参与的齐抓共管局面。提出了“坚决不出大事,尽量不出事,出了事能及时化解处理”和“不让学生有担心,不向家长加压力,不对领导出难题,不给社会添麻烦,不使自己乱方寸”的安全稳定目标,努力构建一个全院重视、全员负责、全天候防范、全过程落实的安全稳定工作机制,并积极付诸实践。

(一)加强校园文化建设,充分发挥政治教育主渠道优势

校园文化是一所学校在长期的教学和管理实践过程中不断积淀形成的具有自身鲜明特色的思想意识及人文环境,它有新陈代谢、与时俱进的能力,能够不断接纳、吸收优秀文化思想,并以正确的舆论导向对校内师生的思想与精神给予引导和约束。学校重视校园文化对人的潜移默化的作用,加强学生对校训、校风、学风的教育,提高其凝聚力与影响力。特别是加强主流文化建设,最大限度地消减不良因素造成的负面思想影响,为校园稳定提供强有力的文化导向、文化约束和规范行为功能等方面的支持。

同时,学校应担负起政治教育主渠道的责任,将“两课”教学与多种形式的政治宣讲活动相结合,提高广大学生和年轻教师的政治敏锐性和鉴别力,遇到突发政治事件时,能保持政治头脑清醒,不盲从,自觉维护政治稳定。学院重视安全法制教育工作,成立了安全法制教育工作小组,积极营造安全宣传教育的良好氛围,不断增强师生的安全意识,做到“警钟长鸣,预警在先”。日常宣传工作除了通过网络、QQ 群、手机短信、电子屏幕,以及板报、宣传窗等各种途径和渠道进行外,还通过警校联动宣传、预先警示宣传、开辟专栏宣传、制作宣传册等方式进行,确保对学生的多重覆盖。

(二)充分重视校园信息工作,加强安全稳定队伍建设

当今社会信息海量化,如果能够及时掌握大量的预警性、深层次、高质量情报信息,不仅能把影响校园安全稳定的因素消灭在萌芽期,还能做出有效应对,有的放矢,在工作中占据主动地位,甚至还可以为高校稳定工作中存在的共性问题提供重要信息和经验。从某种意义上讲,情报信息工作不仅是校园安全保卫工作的基础,也是校园安全稳定工作中必不可少的因素,更是校园稳定的生命线。信息情报来源主要是人,应当充分重视信息工作中人的作用。

学院不仅有专职的安保人员,此外,还建立义务消防队,校卫队为主要组成成员,聘任部分教师、学生为兼职消防队员;一批政治素质高、综合表现优秀的退役士兵大学生共同组建了退役士兵志愿消防、治安巡逻队。学院对这些队伍定期组织消防培训,多支队伍各有侧重,共同构建了科学的群防群治体系,有效提升了学院的社会治安防控能力和消防事故防控能力。

(三)完善工作机制,形成了以"12345"为特色的等级"平安校园"建设新模式

完善工作机制,关注并及时解决重点人群的利益诉求,是及时消除安全隐患,维护校园安全稳定的重要手段之一。具体而言,一是学院不断深化和拓展教职工代表大会和学生代表大会的功能,及时了解并解决广大师生的利益诉求。二是设立校长信箱和每周一日校领导接待制,畅通了学院领导与广大师生的沟通渠道。三是高度重视学生思想动态调研,深入及时了解我院学生思想动态,加强新形势下大学生思想动态的趋势性分析,增强学生思想政治教育工作的针对性。四是设立了"爱生节"。学院将5月23日确定为"爱生节",谐音为"吾爱生";将11月23日确定为深化"爱生节"活动日,寓意为爱生为本,爱生为办学的第一理念。组织学校全体领导、教师与学生开展"零距离交流"活动,增进了师生情感,疏导了学生心理,维护了校园安全。五是增加专项经费,推出学习困难学生的学习能力提升计划,通过教师帮扶、同学互助做好学习困难生的帮扶工作。六是组建专兼结合的心理健康教育团队,针对高职学生心理特点,做好咨询指导、教育、化解等工作,成功处置、化解了多起因心理疾病引起的突发事件。

学院自创建"平安校园"以来,对等级"平安校园"建设工作敢于实践,勇于创新,形成了以"12345"为特色的等级"平安校园"建设新模式。即:一个总应对,两层分预警,三块值班体,四位互联动,五方都受益。一个总应对:相关队伍训练有素,预警方案、机制完备,能迅速应对并妥善处置各类突发事件。两层分预警:根据安全教育内容的重要性、覆盖面和学生违纪行为的轻重度,采取学院和系部分层教育和预警的办法,提升了教育的针对性、目的性和成效。三块值班体:学院建立了三个值班体系,一是学院领导、教师干部值班体系,二是社区值班体系,三是专职护校队值班体系,多条线的值班体系各司其职,互相联动,共同

保障社区校区及周边安全。四位互联动:校区与社区联动、校区之间联动、校区与公安联动、社区与公安联动,通过四位互联动加强了对各类事件的应变能力,同时也进一步优化了治安预防体系,提升了及时化解矛盾的水平。五方都受益:真正让广大学生受益,学生家庭受益,学校受益,用人单位受益,社会受益。近年来,新模式的有效运行,在预防犯罪、维护良好秩序、保障安全稳定等方面发挥了极大的作用,提升了综合治理能力,对进一步推进我校等级"平安校园"建设工作发挥了积极作用。

三、学校安全发展的特色与成效

学院高度重视校园防控体系建设,实现了"人防、物防、技防、心防"四位一体的落实。学校建立了针对不稳定因素和矛盾纠纷的排查处置机制。建立信息反馈网络,定期排查不稳定因素和矛盾纠纷,按照抓早、抓小、抓苗头的要求,把矛盾纠纷解决在基层、内部和始发状态。广大师生员工进一步了解了等级"平安校园"建设工作的重要性和必要性,增强了责任感和紧迫感,学院内部已形成人人关心、关注、支持的良好局面,通过努力,以最高分成为浙江省首批"5A"级平安校园。

(一)发动多方力量,健全群防群治维稳体系

深入群众,依靠群众,发动群众是科学构建等级"平安校园"建设体系、实现学院长治久安的重要保证。大学生是等级"平安校园"建设的核心对象,也是学院维稳创安的生力军,建立齐抓共管、群防群治的等级"平安校园"建设体系,大学生的参与是其中的重要环节。自 2011 年开始,我院开始招收退役士兵入学,根据广大退役士兵大学生的志愿,2012 年 3 月学院成立了退役士兵志愿消防、治安巡逻队,成员以退役士兵大学生志愿报名为主,学校以勤工助学的形式给予经费支持,一

批政治素质高、综合表现优秀的退役士兵大学生组成了巡逻队的核心力量。几年来，巡逻队主要巡查区域的案件发生数量显著下降。同时，巡逻队也成为大学生加强自我管理、自我成长的有效平台。

（二）深化心理健康教育，完善校园科学预警机制

健全的校园重点人群帮扶体系，是构建校园科学预警机制的重要组成部分，也是建设等级“平安校园”的重要推进器。我校坚持以生为本的理念，将“培育学生健康心理，塑造积极阳光人生”作为建设等级“平安校园”的重要载体，通过把好心理健康建档关、建好“四结合”心理健康教育工作队伍、深化心理健康教育、科学化解危机和妥善控制危机等五个方面工作，培育“安心”学生，塑造“放心”校园。学校心理健康教育工作已取得显著成效，多次在省内高校心理健康教育工作会议上作为典型经验向兄弟院校推广，并被录入《下沙高教园区平安校园建设一校一品成果汇编》。近十年来，我院学生无一人因心理问题和心理工作未做到位而发生意外，学院先后获得“全国心理健康教育先进集体”和“浙江省高校心理健康教育示范单位”等荣誉称号，切实保障了校园的平安、稳定与和谐。

第七节　始终保持党风廉政建设常态

高校作为培养人才、传播文明和发展科研的主要阵地，其校园廉政建设不仅对大学生具有深远的影响，还对整个社会廉政文明风气的形成具有重要的导向作用。切实加强高校党风廉政建设对营造风清气正的育人环境，培养德智体美全面发展的合格人才，引领社会文明风气，建设社会主义和谐社会，具有十分重要的意义。学校充分认识到党风廉政建设的重要性，坚持把反腐倡廉建设与教育事业改革发展紧

密结合起来,通过创新工作机制,形成工作合力,扎实构建有效的党风廉政工作体系,为学校的科学发展提供有力保证。

党的十八大以来,以习近平同志为总书记的党中央从坚持和发展中国特色社会主义全局出发,提出了“四个全面”的战略布局,即全面建成小康社会、全面深化改革、全面依法治国、全面从严治党,在党的历史上首次提出“全面从严治党”的思想,其目的是要铸造坚强领导核心。全面从严治党重在全面,要义在从严,内涵丰富。学校根据上级要求,明确提出坚持党要管党、从严治党,严明党的政治纪律和政治规矩;做到政治上讲忠诚,组织上讲服从,行动上讲纪律,严格遵守“三严三实”。认真落实主体责任和监督责任,贯彻惩防体系的落实,深入开展“勤政、俭政、廉政、善政、优政”活动,着力抓好“教风、学风、党风、政风、校风”,扎实推进“党委重廉、监督促廉、制度保廉、教育启廉、文化润廉”的“五廉”工作举措。全校形成学廉、尊廉、倡廉、清廉的良好氛围。推动作风建设常态化、长效化,党风廉政建设继续保持常态。具体来说就是:

一、党委重廉

学院党委、行政高度重视党风廉政建设,为纪委开展工作提供了保证。以多种形式的廉政建设学习讨论活动深入思考党风廉政建设,提高对廉政工作的思想认识。组织开展党章、准则、条例和习近平总书记系列重要讲话精神学习活动,加强纪律教育和监督。严明组织纪律和组织原则,坚持民主集中制,严格执行党员领导干部双重组织生活制度。严格执行领导干部个人有关事项报告制度,推动中层以上干部履行“一岗双职”责任,完善中层干部廉政档案。每半年召开党风廉政建设大会,具体部署学校党风廉政建设工作,确保上级精神和各项工作任务的落实,听取相关部门的党风廉政建设情况汇报。制定了

《党风廉政责任制实施细则》，将党风廉政建设的责任落实到每位班子成员，各分管领导和各党总支、单位、部门结合各自的责任目标和工作实际，制定具体的落实措施，切实把学校党风廉政建设的各项任务落到实处。

二、监督促廉

纪委是党内监督的专门机关，在同级党委和上级纪委的双重领导下开展工作，既是监督主体、执纪主体，也是问责主体、管理主体。纪委切实在组织纪律监督、重点领域监督、专项治理工作上下功夫。纪委及时传达上级有关规定，加强组织纪律监督检查，确保上级规定及学校制度的有效执行。在大宗物资和设备、教材、图书的采购、基建项目招投标、招生、干部选拔、教育收费、教师购房等各个方面实施全程监督。对学院中层干部经济责任进行审计，促进部门的规范管理。坚持“一防三控”的基建维修审计机制，做好事前、事中的控价监督及事后的审计控制；围绕学院关注的重点、难点和教职工关心的热点经济事项进行专项审计调查，查错纠弊、堵漏节流，发现问题、防范风险，充分发挥审计“免疫系统”功能；努力按照上级主管部门要求，逐步实现经济责任审计全覆盖。此外，还在全校范围内开展专项治理，对下属单位进行小金库检查、规范教育收费工作的专项检查，以及廉政风险排查及防范工作等，同时，进一步做好畅通诉求渠道，重视纪检信访工作。

三、制度保廉

学院实行党委统一领导，党政齐抓共管，纪委组织协调，部门认真配合，依靠师生积极参与的党风廉政建设工作格局。建立了廉政建设情况分析会制度等，为廉政建设提供了制度基础。学院制定出台了一系列有关廉政建设和学院管理方面的制度、文件，并通过廉政风险排查制订防控措施，加强反腐倡廉基本制度建设。全面落实党风廉政责任制，制定了党风廉政责任制实施细则，印发了《建立健全惩治与预防腐败体系2013—2017年实施细则》，按照“一级抓一级，层层抓落实”的原则明确廉政责任。其核心要义是：党委承担主体责任，纪委承担监督责任，全校上下齐抓共管，领导班子和中层干部“一岗双职”。根据党风廉政建设责任制的要求，签订好党风廉政建设责任制。坚持和完善党风廉政建设分析会制度，改进方式方法，提高分析实效。建立约谈提醒制度，对反映干部作风和廉洁自律等苗头性、倾向性问题，及时约谈提醒，督促整改。在全面工作的基础上，重点是加强对干部选拔任用、基建工程、设备物资采购、财务管理、招生录取、后勤服务等容易滋生腐败的部位和环节的党风廉政建设工作。

学院党委通过民主管理，科学决策，不断提高办学水平，在加快发展现代职业教育、构建现代职业教育体系的大背景下，贯彻落实中华人民共和国教育部第31号令《高等学校章程制定暂行办法》精神，逐步建立现代大学制度，推动学院依法办学，不断提升学院人才培养质量。作为唯一一所高职院校，浙江金融职业学院章程于2015年5月26日正式核准生效，我院在依法办学、科学管理、推进现代大学制度方面走在了其他高职院校前面。为保障学校师生员工、社会公众和其他主体依法获取学校信息，提高学院工作的透明度，促进依法治校，印发《信息公开实施办法(试行)》，推行信息公开工作，深化教育“阳光工程”建设，着力打造阳光招生、阳光科研、阳光采购、阳光食堂、阳光财务。深入推进党务公开、政务公开、校务公开和信息公开，提高公开的及时性、规范性、有效性。按照教育部《高等学校信息公开事项清单》，不断推进学校信息公开，全校上下形成了清廉的良好氛围。

四、教育启廉

学院坚持教育在先、预防为主的方针，强化廉洁自律意识，不断提高拒腐防变的自觉性。强化理想信念教育，注重师德建设，自觉践行社会主义核心价值观。学院根据领导干部、教师及学生的不同特点，开展有针对性的宣传教育活动，以“五风”建设为抓手，促进“五政”建设，形成清廉的校风。按照“三严三实”的要求，把领导班子和干部队伍建设好，在党风廉政建设中起模范带头作用。按照忠诚、干净、担当这个要求，把纪检队伍建设好。深化转职能、转方式、转作风，创新工作方式方法，全面履行党章赋予的职责，带头纠正“四风”。积极参加业务学习和实践培训，向兄弟学校学习，向先进典型学习，努力提高素质和能力。聘请兼职审计员、监察员，配齐各总支、直属支部的纪检委员，充分发挥兼职纪检监察审计人员的作用。经常开展警示教育，在党校培训班、银领学院等开设廉政教育讲座，推进廉政文化“三进”工程；加强廉政网站建设，继续编印纪检监察审计简报、学习资料、读本等，利用多种途径开展反腐倡廉宣传教育。

五、文化润廉

学院积极拓展廉政文化进校园工作，构建了“一所两馆三课堂”的“3＋X”廉政文化建设体系。成立具有经济金融行业特色、学校特点的廉政文化研究所。通过课题研究、论文征集评比、专题调研、学习交流等措施，充分发挥廉政文化研究所的作用。利用货币博览馆作为固定馆，结合钱币上的历史文化故事开展廉洁教育。在党校培训班、学生党员、银领学院等开设廉政教育讲座，学院领导定期深入课堂向学生进行廉洁教育。举办廉政文化沙龙。开展与学院教师与行业专家的学习交流沙龙，进一步丰富廉政文化进校园，探索具有金融教育特色的党风廉政建设的新方法和新途径。开展文化润廉的同时还注重“三个结合”：一是坚持将廉政文化与课程教学相结合，以思想政治理论课为主渠道，将廉洁教育融入课堂教学中，通过军训、始业教育、专业教育、毕业教育等相互渗透，增强了大学生的廉洁意识。二是坚持将廉政文化与环境建设相结合。使师生们在日常工作、学习中能够领悟到廉政理念、诚信文化。同时，努力倡导“诚信、明理、笃行”学风，增强学生对廉政文化的认同感。三是坚持将廉政文化与校园文化相结合。对金院学子开展金融廉政教育，举办金融系统警示教育展，培养学生诚信做人、遵纪守法职业道德意识，张贴、悬挂廉洁格言和警句。

第八节　认真抓好学校品牌塑造与推广工作

改革开放以来，随着高等教育的大众化，高等教育事业取得了长足发展，高职院校已有 1300 多所，成为高等教育的“半壁江山”。随着市场经济的不断发展，教育与就业、收入，甚至社会地位的关系越来越密切，居民不再把教育看作是一种消费，而是把它看作是一种投资，无论是作为投资者还是消费者，对教育品牌追求的欲望日趋明显，越来越多的人希望进入名牌大学接受教育，将来利用名校效应来有效参与社会竞争，为此，高校要想在竞争中立于不败之地，必须加强品牌意识，实施品牌战略并不断加以推广。

一、高校品牌的基本内涵

品牌是指消费者对产品及产品系列的认知程度，它是竞争过程中差异化战略的必然结果，涵盖了品牌属性、利益、价值、文化、个性、使用等多方面的内容。高校品牌是教育资源不断优化、高校竞争的结果，它主要指高校根据自身核心竞争力，由全体师生、毕业校友所共创共享的文化理念。高校品牌也是一所高校在创建、发展的过程中，通过自身卓越的办学理念、优质的教育质量、高水平的科研能力等办学实力，以及长期的办学传统基础上逐渐形成、积淀下来的，凝结在一所大学名称中的代表大学教学和科研质量的社会认可度。一般来说，品牌创造组织的知名度和美誉度，都能带来相应的经济效益和社会效益，促进高校的可持续发展。

二、高校品牌塑造与推广策略

未来的竞争是品牌的竞争，高校品牌的创建，需要通过高校品牌战略规划来实现品牌定位、文化品牌和学术品牌的塑造，以及品牌形象的推广是品牌发展战略的核心，学科、专业、课程、科研、师资、学生、管理和环境等高校品牌战略应有的诸内容皆应围绕其展开。

(一)品牌定位

学校在细分化的市场中合理定位、独具特色，以特色创造品牌，以品牌强化特色。在学校定位问题上，从实际出发，实事求是，明确建设国内一流、国际知名的高职院校，全面建设更高品质的幸福金院。明确属于文化领域的社会定位，明确为生产、企业、服务、管理等基层第一线培养高素质技术技能型人才的类型层次定位，明确按航空型结构设置系部来建设专业定位，根据服务面向区域的需要来制定服务面向定位，明确为适应经济建设和社会发展需求而培养的人才定位。

(二)文化品牌的塑造

大学在本质上是一种文化现象。不论何时，大学的根本任务都是培养专门人才，它的重要载体就是文化，通过文化的继承、传播和创造，促进受教育者的社会化、个性化、文明化。大学品牌最持久的是其文化和个性，它们确定了大学品牌的内涵和基础。主要有以下三个方面：

1. 突出校园文化主题

校园文化集中反映在校园精神的塑造上，对校园内群体的意识具有强烈的感染力和影响力。校园文化品牌塑造包含名师建设、名专业建设、名课程建设、名专著建设、名活动建设等方面，因此，大学进行品牌塑造的过程，也就是校园精神塑造的过程。倾力打造校园品牌就是在特色鲜明地烘托校园文化主题，人们可以从其品牌塑造中深刻地感受到校园精神的力量，体验到校园文化主题所体现的精神价值与内在感染力量。

2. 殷实校园文化内涵

校园文化在通常意义上主要指具有精神文化结晶方式的校园物质环境、各种校纪校规、道德规范、师生言行、礼仪形象展示和在校园所倡导的世界观、人生观、价值观，以及校园内所体现的精神氛围。品牌塑造则从不同的角度对其精神、特色加以整合，集中地从某一方面深化其校园文化的内涵。

3. 形成校园文化特色

校园文化特色的形成来源于学校的发展历史、办学思想、管理方式和师生员工在创业过程中陶冶而成的文化沉积，是一所学校赖以生存与发展的文化根基与真实实力的价值反映。品牌塑造正是从现实中夯实这种文化根基，殷实这种校园实力，进而更加鲜明地形成独具生命力的校园文化特色。如学校的金融文化、诚信文化、校友文化。

(三)学术品牌的塑造

大学的学术品牌是其品牌塑造的核心要素，是大学品牌发展的核心动力，主要体现在名师建设、专业建设、精品课程及学术成果的社会影响等方面，是一所大学品牌塑造核心内容方面，对提升大学品牌起着至关重要的作用。主要有以下三个方面：

1. 加强名师工程建设

大学教师的综合素质对一所大学精神的形成和大学品牌价值的提升具有举足轻重的作用。一所大学的社会地位、社会影响，取决于有没有一批有水平、有社会影响力的著名教师。学校设置“金晖学者”岗位，就是想通过名师的带动，来提升教师的质量。

2. 强化专业建设

专业建设是保证学校教育质量的核心，加强专业建设应成为学校培养特色优质人才的一个重要手段。学校经过示范专业建设、特色专业建设、优势专业建设来提高教育质量。

3. 加强精品课程建设

课程改革是教学改革的核心，学校加强教育创新，开展了“金院好课堂”活动，提升了育人成效，同时，加强精品课程建设，可扩大学术成果的社会影响。另外，教师的学术论文往往代表着一所大学及教师的学识水平与科学认知程度，我校已经连续 8 年在全国 14 种教育类中文核心期刊发文数量位居全国高职院校第一名，这对学校品牌价值的提升将产生巨大的品牌效应。

(四)高校品牌的推广

高校品牌推广是指将高校有关品牌塑造的全部信息——从品牌定位、理念设计、行为设计、标志设计到全员为之付出的种种努力和取得的成效——通过各种渠道，并运用有效的方式传递给校内外公众，以期在他们心目中形成对学校的良好印象和积极评价。高校品牌推广的主要形式有：

1. 印刷品宣传

其主要的宣传形式是校报、文化手册、宣传栏、信息栏、学校简介、招生简章、毕业生简介、广告宣传、学校内部各部门印制的宣传本部门办学特色的宣传品等。

2. 网站宣传

建立学校自己的官方网站，采用专项栏目全方位地介绍学校，还加上有关特色网站发布相关信息。网站宣传受众范围较广，传播速度也快，很多考生、家长、用人单位、合作学校、合作企业等社会机构和公众（包括校内公众）都不同程度地通过网络来认识和了解学校。

3. 人际传播

以教职工、学生、毕业生为主要载体的人际传播是传递学校信息的各类形式中最有说服力和感染力的，为此，需要更加重视。

4. CIS 传播

在品牌传播中还应重视包括教材等无声读物的宣传和做好品牌的保护工作导入企业 CIS 战略。所谓 CIS(Corporate Identity System)战略是指对企业形象的有关要素（理念、行为、视觉）进行全面系统的策划、规范，并通过全方位、多媒体的统一传播，塑造出独特的、一贯的优良形象，以谋求社会大众认同的学校形象。此外，还可以通过电视、报纸、杂志、官方微博、官方微信等进行推广。

第九节　努力营造“七彩金院，交相辉映”的局面

学院在“十二五”教育事业规划中明确提出学校要形成：一体两翼，建成“七彩金院，交相辉映”的办学格局。即以优质全日制高等学历教

育为主体，以多层次、立体化的职业(岗位)培训为第一翼，以高效益、全方位的企业信用等级评估为另外一翼。七个系形成各自特色，设立若干素质教育学院，拥有众多产学合作学院。

学院下设金融系、投资与保险系、会计系、经营管理系、国际商务系、信息技术系、人文艺术系等7个教学机构；设有明理学院、淑女学院、公民素质教育学院、银领学院等12个特色培养机构，以及浙江地方金融发展研究中心、高等职业教育研究中心、互联网金融研究中心等研究机构，建有8个校内国家级实验实训基地，60余个省级校内实验实训基地，200多个校外实习基地和100余个校外紧密型产学合作基地。学院独资的杭州资信评估公司和控股的浙江众诚资信评估有限公司，以及浙江金苑培训中心是学院服务社会的主要窗口。

一、金融系

浙江金融职业学院名在金融，情在金融，亮点应该在金融。学校站在全校、全省、全国的层面上建设金融系，金融系必须办好，必须切实加强专业和学科建设，从第一大系变为第一品系。其特色表现在：一是金融专业教学资源库建设顺利通过验收；二是优势特色专业建设中期检查阶段性成果显现；三是课堂教学改革创新扎实推进；四是金融专业国家教学资源库后续发展研讨暨金融专业标准论证会；五是按照计划完成了中央财政重点支持的金融专业综合实验室建设项目和省级优势专业实验室建设项目智慧教室的全部建设工作；六是以学生朋辈互助成长工程为载体，开展服务发展型学生工作；七是教学科研及师资队伍建设成果显著，加强校企合作与社会服务能力增强，金融专业群签订了60余个校外实习基地，金融专业群校外实习基地已覆盖到大型商业银行、股份制银行、商业银行、农村金融机构、证券公司及非金融机构等企业。

二、投资与保险系

学校是基于围绕金融学科做大做强，均衡发展而做出的决定设立该系的，系部在 808 投资工作室、专业建设、社团育人、学生证赛等方面有创新，有成绩。其特色表现在：一是以优势专业培育项目为抓手，深化专业群内涵建设；二是顺利完成招生工作，订单培养有效开拓，以投资、保险为主市场的就业岗位结构进一步合理，毕业生的就业率与满意度高；三是学生培养工作不断创新，团学活动丰富多彩；四是以提升教师素质为目标，加强师资队伍建设，丰富双师队伍内涵；五是促进文化与对外宣传交流，扩大学院与系部品牌影响力。

三、会计系

工作管理规范、创新很多、成果丰硕，在全国高职教育界，尤其是财经类、商业类院校中产生了品牌影响力。会计系这几年来，紧紧抓住人才培养这个根本任务，在教学改革、课程建设、社会服务、科学研究等方面取得了一系列成绩，各项工作走在了全校、全省乃至全国前列。其特色表现在：一是品牌国内知名，业内影响力强。二是师资荣誉突出，教改成果丰硕。三是专业特色明显，人才培养理念先进。以高素质技能型财会人才培养为目标，结合学院行业背景优势与会计职业特点，以"把握财会趋势，发挥金融强势，彰显人才优势"为会计专业群的人才培养理念，深化"双素、双能、双证"的"三双"高素质技能型会计人才培养模式改革，创新实施"千日成长工程"。四是办学条件优越，社会服务能力强劲。五是招生广受欢迎，就业质量优势突出。会计专业和财务管理专业受到行业、社会、学生、家长的广泛认可。专业招生形势火爆，录取分数线高于"三本"投档线，考分连续多年在全省同类专业中保持第一。

四、经营管理系

在抓好专业与课程建设、教学改革与创新、科学研究、社会服务、学生证赛、系部管理的同时，围绕学院中心工作，着力发挥在订单培养、校企合作、双导师制、创新创业教育等方面的特色和优势，专业建设有成效、系部管理有特色、执行政策很务实、内部管理很规范，各项工作都取得了很好的进展，成绩显著。其特色表现在：一是开展基于"义商"人格塑造的人才培养工作；二是以电商优势专业培育项目建设为契机，推进教育教学改革创新；三是探索精英教育模式，扎实推进创新创业教育与实践工作；四是不断拓宽就业渠道，创新订单培养工作；五是跟进新形势，新要求，扎实开展学生思政、党建工作；六是加强制度建设，营造和谐系部氛围。

五、国际商务系

在争取资源建设，推进教学改革创新，校企合作，推动高水平师资队伍建设、科学研究、社会服务等方面卓有成效。其特色表现在：以国际商务素质、能力和实践育人质量提升为目标和落脚点，以内涵建设为重点，职业教育国际贸易专业国家教学资源库建设项目、国际贸易优势专业建设项目、国际商务专业省优势培育项目为载体，以微课大赛、"金院好课堂"比赛和系部育人品牌培育为抓手，深化以教学管理与学生管理协同创新机制，突出"素质育人""实践育人"与"文化育人"，改革并实践"三维育人"人才培养模式，大力推进系部文化建设、专业内涵建设、育人工作项目化管理，在专业建设、课程建设、校会企合作、社会服务，在学生技能竞赛、社会实践、创新创业、国际化文化活动、团学干部培养等领域积极探索并取得成绩。国际商务系的发展目标是要立足学院三大专业群的发展规划，国际商务专业群要建设成为在全国具产生标志性影响力，要成为浙江省高职界商贸领域最具代表性、最高水平的团队，成为学院“5A”级专业群。

六、信息技术系

信息技术系是学院以工科为主的一个系部，是学院航空型专业结构不可或缺的组成部分。其特色表现在：一是以“E路航”卓越人才培养改革为载体，推进计算机信息管理专业及专业群的内涵建设，编写并出版计算机信息管理专业职业素养读本，全面提高人才培养质量；二是以2014年5月18日正式设立浙江互联网金融研究中心和浙江金融职业学院互联网金融学院为契机，组建了一个志同力协的互联网金融教科研团队，开设并完成“互联网金融概论”公选课程，出版一套互联网金融的系列教育丛书等；三是校企合作教学获得突破性进展，开办科澜建模订单班；四是开展了“借力云端，双导育人——基于云平台与双导制的信息技术类社团工作体系实践与研究”的育人品牌项目活动。

七、人文艺术系

人文艺术系（社科部）在学院建设和发展中地位重要，作用独特。多年来，人文艺术系（社科部）在办好专业的同时，致力于为全体学生人文素质提高、全院人文氛围浓厚做贡献，中心工作抓得好，教学工作基础好，专兼队伍协同好，人才队伍成长好，团队建设氛围好，在课程建设、专业建设、人才培养、学生工作、教研科研、社会服务等各项工作中都取得了很好的进展，成绩显著。其特色表现在：一是学习贯彻党的理论，加强师生思想道德建设；二是深化教学改革及课程建设，提高教育教学质量；三是加强人文素质教育教学工作，逐步打造素质教育领先学校；四是推进专业基础建设，提高人才培养实力；五是规范教学运行及教学管理，保证教学秩序稳定有效；六是打造优质教学团队，推进师资队伍建设，加强科学研究，提升教师科研水平；七是扎实做好明理学院工作。

跋

全面激发高等学校党建工作正能量　为高品质幸福金院建设提供强大动力和可靠保证

《中华人民共和国宪法》和《中国共产党章程》都明确了中国共产党的领导和执政地位，在《中华人民共和国高等教育法》《中国共产党普通高等学校基层组织工作条例》等法律法规中也都明确了公办高等学校实行党委领导下的校长负责制，然而，高等学校要不要设立党委、党委怎样在高校活动的议论和杂音依然不少，怎样发挥中国共产党作为执政党在高等学校的领导作用，激发党委在学校改革发展、教书育人、文化建设等方面的正能量，事关重大，意义非凡，结合学习贯彻习近平总书记和党中央关于“全面建成小康社会、全面深化改革、全面依法治国、全面从严治党”的要求，根据浙江金融职业学院“国内一流、国际知名”的办学目标，全面建设更高品质幸福金院的实践，现就全面激发高等学校党委和党建工作正能量，切实提高党委工作领导力，推进现代大学制度建设，推动教育事业又好又快可持续健康发展谈点思考和想法。

一、正确理解党的路线方针政策把握办学社会主义方向

高等学校实行党委领导下的校(院)长负责制,就必须发挥党委在学校工作中的中心地位和领导地位,确保学校办学和人才培养工作朝着正确的方向努力和前进,学校党委肩负着十分重要而艰巨的重大任务,具体包括以下几个方面:

第一,要抓好学习。要按照学习型党组织的要求,形成学习党的路线方针政策的有效机制和制度,要认真学习宪法和法律,努力推进以法办学,要学习贯彻《中国共产党章程》和《中国共产党普通高等学校基层组织工作条例》,以正确履行职责,要认真学习领会党在各个阶段的方针政策、形势任务,以把握办学的方向标。当前,全党的主要任务是学习中国特色社会主义理论,坚持中国特色社会主义的道路自信、制度自信、理论自信和文化自信,学习习近平总书记系列重要讲话精神,做到真学、真懂、真信、真用,并努力实行理念认同、思想认同、理论认同和感情认同,学习习近平总书记关于“四个全面”的战略布局思想和“三严三实”的干部队伍建设要求,学习的目的是统一思想认识,提高理论涵养,正确把握方向。

第二,要把好方向。要明辨办学方向,把握中国特色社会主义的航向。中国高等学校的任务是培养和造就中国特色社会主义的合格建设者和可靠接班人,必须坚持立德树人、以德为先的人才培养工作前提,确立德才兼备、又红又专的基本目标。学校必须按这一明确的要求和标准把握好工作方向和行动航向,在全校上下、校园内外,坚持马克思主义在意识形态领域的主导地位,努力培育和践行社会主义核心价值观,积极宣传中国特色社会主义理论、宣传马克思主义中国化的最新成果、宣传和贯彻中国共产党的方针政策和思想主张,加强和改进思想政治工作,坚持在中国共产党领导下,把建设中国特色社会主义

推向前进。

第三，要守好阵地。高校这块阵地寸土不能失，片瓦不能丢，丝毫不能让。学校党委必须在把握办学社会主义方向的同时，应具有强烈的阵地意识、政治意识和政权意识，要按照守土有责、守土负责、守土尽责的要求，按照学术研究无禁区、课堂教育有纪律、教书育人尽职责的要求，充分利用学校各种条件，建好校园、办好校报、管好电台、用好广播、选好橱窗、抓好新媒体、形成立体化舆论和宣传阵地，全面弘扬正能量、努力提振精气神，歌颂中国特色社会主义好、中国共产党好、改革开放好、“两个一百年”的中国梦好、中华民族伟大复兴好等，并努力积聚和凝聚去为之而共同努力的物质、精神和文化力量，形成一代又一代伟大力量，推动我们的事业又好又快发展。

二、科学履行党委在高等学校工作的六项职能

关于高等学校党委的职能，在理论和实践中存在着窄口径(自身建设)、宽口径(统揽一切)和中口径(统一领导)三种不同理解。从高等学校特点和实际出发，我们倾向于以中口径为基点的工作理念，即以《中国共产党章程》和《中华人民共和国高等教育法》为依据，认真贯彻《中国共产党普通高等学校基层组织工作条例》和中办《关于坚持和完善普通高等学校党委领导下的校长负责制的实施意见》，认真行使党委六大职能。这六大职能是：

(一)党要管党

着力推进党建工作科学化。这主要是指要抓好党委和党建工作自身建设，具体主要是指党的思想建设、组织建设、作风建设、制度建设和反腐倡廉建设，加强领导班子建设、干部队伍建设和人才队伍建设，加强党委会工作机制和议事规则建设。

(二)党抓发展

着力推进学校事业又好又快持续健康发展。要根据各个时期形势和学校工作特点,抓好学校改革发展重大决策、抓好学校重大战略谋划、抓好学校战略定位和战略举措等。如浙江金融职业学院党委在体制下放后抓好的中专升格、评估优秀、首批示范、职教本科等工作,提出的两个"三五八"工程,即三年实现规范2001—2003、五年形成特色2001—2005、八年争创一流2001—2008(第一个"三五八"工程),以及三年巩固深化2009—2011、五年丰富内涵2009—2013、八年提升层次2009—2016(第二个"三五八"工程)就很有实践意义。

(三)党主育人

努力把立德树人作为党委和学校根本任务。党委建立人才培养和育人工作领导小组,研究育人工作理念和政策,营造育人工作环境和文化,整合师生、校友、家庭、政府、社会力量,构建互动育人机制,创造性提出学生"千日成长工程",着力营造全员育人、全面育人、全程育人、全体育人、全心育人和全景育人的机制,推动学生天天成长、持续成长、健康成长、快乐成长、人人成长、全面成长,应该说成效十分明显。

(四)党育文化

培养凝聚自身特色的文化氛围。党委必须加强大学文化研究,重视文化素质教育、重视文化传播、重视文化育人,努力营造积极健康、催人奋进,具有正能量的主流文化和主流意识形态,牢牢把握办好社会主义方向和中国特色社会主义的文化自信,培育和践行社会主义核心价值观。

(五)党蓄队伍

努力建设一支高素质人才队伍和干部队伍。要正确把握党管干部、党管人才的原则,重视培育、培养、积聚,吸引优秀人才充实到教书育人事业中来,建立“双培机制”,即把优秀党员培养成专业(学科)带头人,把专业(学科)带头人培养成优秀党员。

(六)党谋幸福

努力办好“特色鲜明、人民满意、师生幸福”的教育。为师生谋幸福、为百姓谋和谐、为社会保稳定,这是执政党的重要职责,应该成为高校党委的自觉追求,要让学生就业胜人一筹、教师生活贵人一品、学校品牌靓人一档,为师生创造优厚的福利待遇和众多的成名成家机会,为师生员工谋福祉。

三、努力构建党建五层次的科学化工作机制

高等学校是一个基层单位,而自身又是一个组织体系,在党委组织体系下主要有系(院、部)的党总支(分党委)、基层党支部、教师党员、学生党员,这一体系围绕统一的目标(执政和领导)全面履行六大职能,推进党建工作有序进行。具体内涵是:

(一)一个党委就是一个科学发展的决策集体

党委是学校工作的领导机构,是一个集体,这个集体成为什么样的集体不仅是党的先进性的集中体现,也是党的事业和学校事业成败的关键。党委要充分发挥好领导作用,必须努力成为科学发展的有效决策集体,并在科学决策、有效决策的基础上统揽全局,协调各方。党委要成为科学发展的决策集体,一是决策在学校发展中地位非常重

要，是领导的中心环节；二是党委要管大事，主要是重大决策，而非具体指挥；三是党委决策应有一个科学的机制，实行集体决策、民主决策，充分发挥专家学者和智囊团作用。强调党委是一个科学发展的决策集体的另一层重要意义在于，要切实提高决策者的素质，加强学习、重视调研、推动创新，正是从这种意义上说，建设学习型党组织，首先是要建设学习型党委，其核心就在此。

（二）一个系（部）党总支就是一个开放育人的领导集体

高职院校一般以专业群为单位建立系（部），并以系为基点推进两级管理，在系上实行党政共同负责制体制，这就要很好地发挥系党总支的作用。因为我们都知道，以专业群为单位建立起来的系（部），其重要工作是教学和学生管理，即教书育人，正因为这样，学生党建和组织发展、思想政治工作、社会主义核心价值体系教育和引导工作等（包括综合治理和安全稳定工作），就成为系党支的重要工作。与此同时，高职院校实行校企合作、工学结合，以专业群（系部）为单位建立开放办学校企合作体制和机制，这实际上是说，一个系（部）实际上就是一个开放办学的育人体，一个党总支就是要在开放办学的育人体中正确发挥领导作用。

（三）一个支部就是一个创业创新的战斗集体

在高等职业院校，党支部的设立分为两种形式，一种是以机关（职能）处室为单位建立，另一种是各系总支下设的党支部，一般以专业为单元建立，应该说，无论哪类支部，在学校改革发展和建设中都是至关重要的。以机关（职能）处室建立起来的党支部，由于机关（职能）处室代表学校处理和协调内外事务，既是学校领导在某一领域的参谋和助手，也相对独立行使管理职责，这些处室的党员处长一般兼任支部书记，既有利于确保中心工作的完成，确保党建工作融入中心工作之中,也确保中心工作完成时发挥党员和支部的先锋模范作用。以专业为单元建立起来的党支部,是学生党员和教师党员联合建立的总支部,专业是高职院校最基本的教学组织,学生分布在相应专业,教师编排在相应专业教研室。专业建设是高职院校各项工作的龙头,因此,以专业为单元设立支部,有利于推进专业建设,发挥教师党员在专业、课程和教学建设中的重要作用,同时,也有利于教学相长,推进教师与学生的联系和沟通,更有利于学生党建和党员发展工作的顺利进行。

(四)一个教师党员就是一面教书育人的旗帜

教书育人是学校的崇高使命和基本职责,更是教师工作的本质要求。高校党员教师要发挥先锋模范作用,就是要发挥党员教师在教书育人中的作用,努力使广大党员教师成为教书育人中的旗帜性人物,使每一位党员教师在专业建设、课程建设、担任班主任工作、兼任辅导员工作和参与学生党建、参与学校教学和管理改革中发挥带头带动和领先领跑作用,既是学生的楷模,也是教师的榜样。

(五)一个学生党员就是一个成才成长的典范

在高等学校加强大学生党建工作,是中央的一贯方针和要求,也是改善和优化中国共产党党员结构,确保党的事业后继有人的重要途径。我们党要敞开大门,积极把大学生当中的先进分子吸收到党内来,并发挥学生党员的带动作用,学生党员的发展,既要积极,也要掌握标准,控制数量。浙江金融职业学院的做法是"一年级有学生党员、二年级班级有学生党员、三年级保持一定比例"。在学生党员发展过程中,则要强调以学为主,这样发展起来的学生党员才符合学校特点,才能得到同学的认同,从而有利于发挥学生党员的先锋模范作用。

四、认真做好“三个为主”的弘扬共产党员先进性工作办法

高校党的建设，不仅取决于党委领导和基层党组织建设，更取决于它的成员组成及其先进性，要增强党的先进性，重视和加强高层次人才中的先进性建设十分重要，培养高层次人才的爱党、弘党理念更为迫切，我们的思考和实践是：

（一）中青年专业（学科）带头人以党员为主体

当前的一个突出现象是，青年学生申请加入中国共产党的愿望特别强烈，大约占学生人数的80%—90%，而青年教师要求加入共产党的占比相对不高，而加入民主党派和成为普通群众的情况较为普遍，针对这种情况，我们认为，要发挥高层次人才的作用，彰显共产党的先进性和先锋模范作用发挥，必须在高等学校明确中青年专业（学科）带头人以党员为主体的理念乃至政策原则，这样做，一方面可以吸引和召唤更多优秀知识分子和教学科研骨干加入中国共产党，壮大党的力量；另一方面可以展现共产党员在教学科研领域的先锋模范作用，光大共产党人的光辉形象。

（二）中青年骨干教师以党员为优势

当前高等学校的特点是青年教师多，我校40周岁以下青年教师占70%左右，如何在这一队伍中重视和开展好党建工作，我们认为必须坚持中青年骨干教师的优势地位，所谓优势地位包括如下含义：一是加入中国共产党，争取成为中国共产党党员的主体追求；二是拥护中国共产党的领导，在中国共产党领导下认真履行教书育人职责，将其作为基本遵循和行为规范；三是认真学习党的路线方针政策，拥护中国特色社会主义，坚持理论、道路、制度和文化自信；四是带头践行社会主

义核心价值观，给学生以榜样和表率；五是积极向学生宣传党的宗旨、政策和主张，做好青年学生的党建工作。

（三）“三育人”先进工作者以党员为多数

在高等学校，评选和奖励教书育人、管理育人、服务育人及优秀班主任、优秀辅导员是一项十分重要的激励机制，在这一激励机制中，其先进性、代表性和榜样的力量十分重要。我们认为，为体现共产党的先锋模范作用和正能量，应当坚持共产党员在先进人物占多数的原则，占多数既是一个原则也是一个导向，它既动员和号召广大党员教师努力工作，争当先进，也体现共产党人在各项事务和学校发展中的先锋模范作用，既是一种机制，也是一种文化。

五、切实落实“三个结合”为主要内容的学生党建工作方略

学校的中心任务是培养人，在高等学校的四大职能中，人才培养是第一职责，在人才培养的基础上发挥科学研究、社会服务和文化传承创新的作用，而学生的党建工作既是中国共产党永葆青春和活力、增强基层组织生机和活力的重要组成部分，也是学校人才培养工作的重要路径。我们认为，学生的党建工作必须做好三个结合。

（一）过程与结果的结合

学生党建工作要看结果，即发展了多少党员，多少学生递交了入党申请，多少学生纳入了重点培养对象，多少学生进入业余党校学习并顺利结业等，但光有结果，尤其是发展了多少党员这个结果是不够的，我们必须非常重视过程，即学生对党的认识变化认同发展的过程，学生要求入党的数量由少到大不断扩大的过程，学生主流意识逐渐形成的过程，学生个体认识发展的过程中，在过程中看党建。

(二)数量与质量的结合

曾经有段时间,我们对学生党员发展采取积极鼓励的方法,在校生发展党员的比重较高、数量较大,党的十八大以后,中央对学生党员发展采取了以提高质量、控制数量为主的方针,在这种背景下,如何处理好数量与质量的关系显得更加重要。我们认为,数量控制在上级规定的范围内,更加注重过程和大多数学生的教育培养和引导十分必要,动员全体、教育普遍、培养多数、发展适量应该是我们的基本原则,而对全体动员、教育的普遍性、多数人的培养,有利于加深学生对中国共产党的认识和认同。

(三)党建与育人的结果

如前所述,学生党建工作既是党的建设的重要内容和重要目的,同时,也是学校育人工作的重要抓手,通过党建,实现动员、号召、引导,培养青年学生拥护共产党、支持共产党、加入共产党的目的,推进高校基层党建工作。与此同时,通过党建工作,加强学生对党的方针政策、党的历史现状、当前形势和任务的理解,尤其党建过程中以学为主、以品为主的考验,有利于推进育人工作做得更好,更有成效。

六、有效建设“五政五风五廉”的党风廉政建设体系

《中国共产党章程》明确党建工作包括:思想建设、组织建设、作风建设、制度建设和反腐倡廉建设,党风廉政建设是极为重要的内容。党的十八大后,中央又明确,党风廉政建设党委负主体责任,党委书记负第一责任,纪委负监督责任,这既是党要管党、从严治党的重要内容,也是保持共产党的先进性和纯洁性的主要抓手,抓好党风廉政建设,正是全面激发党委和党建工作正能量的重要保障,我们的认识和体会

是，党风廉政建设也是一个体系，要常抓不懈，努力实现始终保持常态的目标。

（一）保持常态

保持常态即保持党风廉政建设应该始终保持常态，含义主要是指，党员干部“想干事、能干事、干好事、干成事、不出事”，全校推进“五政同构、五风同建、纪律清明、干部清廉、风气清正”。

（二）五政同构

保持常态既要确保廉政、牢牢守好廉政建设底线，也要强调勤政，以饱满的热情勤勉工作、创新工作，还要讲究俭政、善政、优政，强调勤俭节约、为政从优、执政为民。

（三）五风同建

五风同建是指以党风为核心，以党风带正风、促教风，以教风引领学风，推动全校整体作风和风气的持续美好。

（四）五廉同进

五廉同进就是要坚持探索党政重廉、人人践廉、教育启廉、制度固廉、文化倡廉的机制，真正形成五廉同进的良好氛围。

（五）齐抓共管

齐抓共管就是要使高等学校内部形成党委承担主体责任、党委书记承担第一责任、纪委承担监督责任、领导班子成员和领导干部履行一岗双职、全校上下形成齐抓共管的党建和党风廉政建设体系，弘扬“纪律清明、干部清廉、风气清正”的健康氛围和健康文化生态。

总之，高等学校党委和党建工作正能量是一项系统工程，全面履职是前提，体系建设很重要，师生主体是基础，党风廉政是保障，我们必须积极作为，使其充分激发正能量。与此同时，我们一定要把发挥党委和党建工作正能量与建立现代大学制度有机结合起来，形成推动事业又好又快发展的强大合力，为中国特色社会主义培养合格建设者和可靠接班人，为实现“两个一百年”的奋斗目标，为实现中华民族伟大复兴的中国梦做出更大的贡献。

周建松

2015年7月1日

于中国杭州学源街118号

参考文献

[1] 周建松.高等职业院校内涵建设研究[M].杭州:浙江大学出版社,2006.

[2] 周建松.高等职业教育的逻辑[M].杭州:浙江大学出版社,2011.

[3] 周建松.高等职业教育可持续发展研究[M].杭州:浙江大学出版社,2013.

[4] 周建松,姚星垣.浙江地方金融发展续论[M].杭州:浙江工商大学出版社,2013.

[5] 谢晓青.高校校友资源开发与运用研究[J].高教探索,2010(2).

[6] 周建松.基于可持续发展的高职教育专业建设机制研究[J].中国高教研究,2010(4).

[7] 周建松.提高质量:高职院校师资队伍建设的着力点[J].教育研究,2012(1).

[8] 陈云涛.高等职业教育价值观研究[J].中国高教研究,2012(3).

[9] 周建松,陈云涛,张鹏超.积极构建高职院校立体化育人体系[J].中国高等教育,2014(6).

[10] 周建松.以课堂建设为抓手,推动高职教学创新[J].中国大学教

学,2014(12).

[11] 周建松,孔德兰,郭福春.高等职业教育优势专业建设研究[J].中国职业技术教育,2013(4).

[12] 周建松.论“六业贯通”的高职教育人才培养理念及其实践[J].现代教育科学,2012(3).

[13] 周建松.高等职业院校“龙头引领型”专业结构理论与实践[J].中国职业技术教育,2012(8).

[14] 周建松,孔德兰,郭福春.基于内涵发展的高职专业品质建设研究[J].中国大学教学,2013(8).

[15] 周建松,孔德兰,章安平.以优势专业建设为抓手 推进高职教育内涵式发展[J].中国大学教学,2014(5).

[16] 周建松.基于可持续发展的高职教育专业建设机制研究[J].中国高教研究,2010(4).

[17] 周建松.以教学资源库建设为抓手推动教育教学改革与创新[J].中国职业技术教育,2014(26).

[18] 周建松.以课堂建设为抓手 推动高职教学创新[J].中国大学教学,2014(12).

[19] 郭福春.泛在学习视阈下我国高职院校专业教学资源库的建设与思考[J].中国高教研究,2012(10).

[20] 周建松.职业教育集团的运行与就业为导向的金融高等职业教育改革金融[J].浙江金融,2005(11).

[21] 周建松.构建以专业群为基点的多功能校企合作体[J].中国高等教育,2011(13/14).

[22] 周建松.关于高职院校培育名师名家的若干思考[J].江苏高教,2011(5).

[23] 西蒙·施瓦茨曼.大学的科学活动[A].伯顿·克拉克.高等教育新论:多学科的研究[C].王承绪,等译.杭州:浙江教育出版

社,2001.

[24] J.D.贝尔纳.科学的社会功能[M].陈体芳,译.桂林:广西师范大学出版社,2003.

[25] 罗杰·L.盖格.研究与相关知识——第二次世界大战以来的美国研究型大学的发展[M].张斌贤,孙益,王国新,译.保定:河北大学出版社,2008.

[26] 罗伯特·W.布什威.高等院校科研管理[M].曲铭峰,龚放,译.南京:江苏教育出版社,2010.

[27] 丁立宏.科学研究与社会服务前沿论锋[M].北京:首都经济贸易大学出版社,2010.

[28] 徐元俊.高职院校科研管理研究[M].成都:西南交通大学出版社,2011.

[29] 陈国平.钱江东去:浙江金融发生了什么[M].杭州:红旗出版社,2011.

[30] 杨小苹.嬗变:浙江地方银行业十年改革发展透析[M].杭州:浙江人民出版社,2013.

[31] 张茂林.创新背景下的高校科研团队建设研究[M].北京:中国社会科学出版社,2014.

[32] 董泽芳,张继平.引擎之基与活力之源:高校科研队伍建设与科技创新研究[M].北京:教育科学出版社,2014.

[33] 张捷,杨恒哲.高校科研团队凝聚力影响因素及对策研究[M].南京:南京大学出版社,2014.

[34] 洪堡.论柏林高等学术机构的内部和外部组织[J].高等教育论坛,1987(1).

[35] 小斯坦利·米凯拉克.科研能提高教学质量吗?[J].外国高等教育资料,1987(3).

[36] 宋传增,刘迎春.高校横向科研项目管理的改革与实践[J].中国

高教研究,2003.
[37] 周川.论高等学校科学研究的教育性原则[J].高等教育研究,2007(3).
[38] 王百灵,路荣平.量力而行　积极开展高职科研工作[J].中国高等教育,2007(23).
[39] 陶永诚.对高职院校科研服务平台建设的思考[J].教育与职业,2009(2).
[40] 徐元俊.高职院校科研论文评价体系研究与探索[J].职教论坛,2010(10).
[41] 邢运凯,陶永诚.高职院校科研导向的误区及对策[J].中国高教研究,2010(12).
[42] 孙毅颖.对高职院校科研问题争论引发的思考[J].中国高教研究,2012(12).
[43] 张立娟,周川.弗莱克斯纳的现代大学科研观与实践[J].大学教育科学,2013(2).
[44] 刘松林.高职院校科研的内涵与定位研究[J].河北师范大学学报(教育科学版),2013(9).
[45] 布鲁贝克.高等教育哲学[M].王承绪,等译.杭州:浙江教育出版社,2001.
[46] 德里克·博克.走出象牙塔——现代大学的社会责任[M].徐小洲,陈军,译.杭州:浙江教育出版社,2001.
[47] 徐同文.区域大学的使命[M].北京:教育科学出版社,2004.
[48] 陈德清.创新高职社会服务体系研究与实践[M].北京:北京理工大学出版社,2012.
[49] 夏清华.学术创业:中国研究型大学“第三使命”的认知和实现机制[M].武汉:武汉大学出版社,2013.
[50] 王玉生.蔡元培大学职能思想探析[M].北京:中国社会科学出版

社，2012.
[51] 颜道胜. 科研服务在高职院校新一轮发展中的地位[J]. 中国高教研究，2006(2).
[52] 姚和芳. 满足三个需求：发挥示范性高职院校的社会服务职能[J]. 中国高教研究，2007(5).
[53] 方美君. 提升高职院校社会服务能力的对策研究[J]. 国家教育行政学院学报，2011(1).
[54] 章文君. 运用系统集成提升高职院校社会服务能力[J]. 教育发展研究，2012(3).
[55] 孔宝根. 试论高职院校社会服务的人才培养功能[J]. 高等教育研究，2013(9).
[56] 李振祥. 县校合作：高职院校社会服务的新趋势[J]. 教育发展研究，2013(11).
[57] 章文君，陈兰云. 高职院校社会服务的"五化"模式[J]. 现代教育管理，2014(1).
[58] 马树超. 工学结合：职业教育模式转型的必然要求[J]. 教育发展研究，2005(16).
[59] 张添洲. 技术职业教育发展[M]. 台北：五南图书出版公司，1999.
[60] 孙绵涛，康翠萍. 教育机制理论的新诠释[J]. 教育研究，2008(12).
[61] 沈建根，石伟平. 高职教育专业群建设：概念、内涵与机制[J]. 中国高教研究，2011(11).
[62] 向和. 依靠教师办学　提升教师素质[J]. 中国高等教育，2010(21).
[63] 谢树浩. "以生为本"的理论与实践问题[J]. 高教探索，2009(3).
[64] 刘敏. 以就业为导向的高职教学改革研究 [J]. 职教通讯，2012(30).
[65] 石伟平，徐国庆. 以就业为导向的中等职业教育教学改革理论探索[J]. 中国职业技术教育，2008(1).
[66] 陈小鸿，姚继斋. 论高校民主管理的内涵、特点及其实现途径[J].

浙江工业大学学报(社会科学版),2010(3).

[67] 何晓芳,周秀华.现代大学制度框架下高等学校民主管理的理念与机制研究[J].黑龙江高教研究,2010(9).

[68] 徐先凤.教授治学问题研究综述[J].山东理工大学学报(社会科学版),2013(1).

[69] 孙珠红,翟青,焦兰.高校安全稳定工作的内涵分析[J].思想政治教育研究,2011(11).

[70] 董华明.目前影响高校安全稳定的因素及对策分析[J].思想政治教育研究,2015(1).

[71] 孙志强.当前加强高校党风廉政建设的几点思考[J].黑河学刊,2014(7).

[72] 蒋小军,窦强.高校品牌塑造的公共关系传播模式[J].中国成人教育,2014(9).

[73] 高朝华.试论高校品牌发展战略[J].福建财会管理干部学院学报,2008(3).

[74] 鲁昕.围绕中心工作服务发展大局努力开创职业教育科研工作新局面——教育部副部长鲁昕在全国职业教育科研工作会议上的工作报告[R/OL]. http://www.cnki.com.cn/Article/CJFDTotal-ZONE2011S1007.htm. 2011-10-07.

[75] 制度文件:《国务院关于加快发展现代职业教育的决定》(国发〔2014〕19号).

[76] 制度文件:《浙江金融职业学院服务战线与支援西部若干意见》(浙金院〔2010〕35号).

[77] 制度文件:《浙江金融职业学院章程》(浙金院〔2015〕46号).